上海对外经贸大学金融著作丛书

本丛书得到上海对外经贸大学出版基金的资助

人民币汇率管理技术研究

吴腾华 著

中国金融出版社

责任编辑：丁 芊 黄 羽
责任校对：张志文
责任印制：陈晓川

图书在版编目（CIP）数据

人民币汇率管理技术研究（Renminbi Huilu Guanli Jishu Yanjiu）/
吴腾华著．—北京：中国金融出版社，2016.6
（上海对外经贸大学金融著作丛书）
ISBN 978 - 7 - 5049 - 8549 - 1

Ⅰ.①人⋯ Ⅱ.①吴⋯ Ⅲ.①人民币汇率—货币管理—研究
Ⅳ.①F832.63

中国版本图书馆 CIP 数据核字（2016）第 110127 号

出版
发行 **中国金融出版社**

社址 北京市丰台区益泽路 2 号
市场开发部 （010）63266347，63805472，63439533（传真）
网 上 书 店 http://www.chinafph.com
（010）63286832，63365686（传真）
读者服务部 （010）66070833，62568380
邮编 100071
经销 新华书店
印刷 北京市松源印刷有限公司
尺寸 169 毫米 × 239 毫米
印张 14.5
字数 174 千
版次 2016 年 6 月第 1 版
印次 2016 年 6 月第 1 次印刷
定价 36.00 元
ISBN 978 - 7 - 5049 - 8549 - 1/F. 8109
如出现印装错误本社负责调换 联系电话 （010）63263947

总　序

上海对外经贸大学校长　孙海鸣

金融是现代经济的核心，而上海建立国际金融中心又是重要的国家战略，从这个意义上来说，在上海从事金融研究工作的专家是处于"中心"中的"中心"，得天时、地利、人和之便。《上海对外经贸大学金融著作丛书》的出版，正是此天时、地利、人和的产物，可喜可贺。

金融发展的重要性，怎么强调都不过分。金融是资源配置的先导，现代市场经济之间的竞争，在很大程度上就是金融的竞争。因此，过去20年来，上海对外经贸大学一直将金融学科列为重点发展的领域。这不仅体现了学校的战略眼光，更体现了时代发展的要求。

上海对外经贸大学作为我国对外经贸人才成长的摇篮，始终秉持"诚信、宽容、博学、务实"的校训精神，把改革作为学校发展的强大动力，在人才培养、科学研究、社会服务和文化传承创新等方面不断取得新的突破；始终坚持"以学生为本、以学术为魂"的办学理念，坚持将学科建设聚焦国际前沿、对接社会需求，以贡献求支持、以服务促发展，坚持将"创新、协调、绿色、开放、共享"的发展理念贯穿于学校改革发展的各项工作中，深化教育综合改革，认真谋划和扎实推动

"十三五"期间学校改革创新转型发展各项工作，全面落实党的教育方针，切实担负起立德树人的根本使命，坚定不移地推动学校建设成为高水平、国际化、特色鲜明的应用研究型大学。

近年来，学校紧密围绕国家和上海的迫切需求，主动对接上海"四个中心"、上海自贸区、国家"一带一路"以及全球科创中心等重大战略，着力破除制约学校发展目标实现的思想障碍和制度藩篱，形成多方参与、多元投入并与社会有机互动的办学机制，逐步构建院校协同发展、学术权力与行政权力相互支撑、充满活力的大学内部治理结构。其中一个重要的目标就是建立学术研究与决策咨询研究双轨并行、教学与科研协同发展的体制机制，为学科建设和学术研究夯实制度基础。学校鼓励各教研部门根据所属学科专业特点与定位目标，明确科研方向，制定各具特色的科研内容与方式。学校主动适应转型发展需要，打破传统的科研与教学相互分离局面，强化教学科研均衡发展意识，建立教学、科研、社会实践深度融合的体制机制，协调制定适应转型发展要求的制度体系，引导科研价值取向更加符合学校定位目标与社会发展需要。

上海对外经贸大学金融学科的高速发展正体现了学校的这种发展思路。金融学院于 1995 年建院，迄今已逾 20 年，是一所既年轻又具有一定历史沉淀的学院。近年来，学院的发展更是速度惊人，学院的科研积极性得到空前的提升，科研成果不断涌现。学院学术研究与决策咨询等多种类型的研究实现良性互动，既提升了学术水平，又服务了国家战略，可谓一箭双雕，成效显著。更可喜的是，在这一过程中，一大批年轻学者迅速成长起来，成为国内金融学界的翘楚。本套丛书正是他们成长过程的见证。

《上海对外经贸大学金融著作丛书》既展示了我校近年来中青年金

融学人的主要学术成果，也彰显了我校的金融学科优势、学术研究特色和学术研究能力。从选题来看，本套丛书不仅较好契合国家全面改革开放战略，而且紧密对接上海自贸区建设和上海国际金融中心建设的新需要；从内容来看，本套丛书既密切追踪当今国际金融领域出现的新现象、新问题和新趋势，又深入研究国内金融领域进一步改革开放中的热点难点问题，具有专业性、学术性、实践性和前沿性等特点。

本套丛书的出版对于进一步推动我校学科建设和学术研究工作无疑具有重要的意义，希望能够激励更多的金融学人竞相迸发出更加强大的学术热情和创新动力，为我校早日建成高水平、国际化、特色鲜明的应用研究型大学贡献力量。同时，也期待更好更多的学术成果不断涌现，为金融学院的发展继续谱写全新的篇章。

2015 年 12 月 1 日于松江大学城

内容摘要

2005 年 7 月，中国人民银行宣布实施新的人民币汇率制度，即实行 "以市场供求为基础、参考一篮子货币进行调节、有管理的浮动汇率制度"，这标志着人民币汇率管理进入了一个新的时代。实践证明，新的人民币汇率形成机制有利于增加汇率弹性、抑制单边投机和维护多边汇率，但汇率弹性的增大也对人民币汇率管理提出了更高的技术要求。在这种新的形势下，创新和发展人民币汇率管理技术，进一步规范人民币汇率的决定、引导人民币汇率的运行、调控人民币汇率的变动与干预人民币汇率的波动，从而不断提高人民币汇率管理效率和增强人民币国际竞争力等，是今后人民币汇率管理中面临的一个重要而又崭新的课题。

本书以中国金融改革和人民币汇率制度改革为背景，以相关经济理论、金融理论和技术理论为指导，以人民币汇率管理技术的演变、创新与发展为主线，主要运用历史分析与逻辑分析相结合、定性分析与定量分析相结合等的研究方法，重点研究了人民币汇率管理技术的基本分析框架、国外汇率管理技术与人民币汇率管理技术的演变历程、人民币汇率管理技术的创新体系以及人民币汇率管理技术的发展方向与对策措施等内容。其中，人民币汇率管理技术的内容体系具体包括三种形态，即知识形态、经验形态和技能形态。人民币汇率管理技术创新的重点内容主要包括汇率制度选择技术、汇率形成机制技术、汇率弹性管理技术、汇率风险管理技术、汇率信息管理技术以及汇率产品管理技术六个方面。未来人民币汇率管理技术的发展方向应由"传统型、单一型、粗放型、僵化型",转向"高新型、复合型、集约型、创新型"等。

本书的重要观点与结论主要有：一是汇率管理技术也是一种重要的生产力，人民币汇率管理技术对于提高人民币汇率管理效率和增强人民币国际竞争力具有重要的积极作用；二是不同的汇率制度对于汇率管理技术的要求是不一样的，一国汇率管理技术的演变总是与其汇率制度的变迁密切联系在一起的；三是人民币汇率管理技术的创新与发展是一个有机的体系。因此，必须以汇率管理技术创新为基础，全面、协调、可持续地发展人民币汇率管理技术。本书所做的创新性工作主要有：一是提出了人民币汇率管理技术的概念，二是初步构建了人民币汇率管理技术的基本分析框架，三是设计了人民币汇率管理技术的创新体系，四是规划了人民币汇率管理技术的未来发展方向等。

关键词：人民币汇率　汇率管理　汇率管理技术

目　录

第1章
导 论

2005 年 7 月 21 日，中国人民银行宣布，经国务院批准，从即日起中国开始实行新的人民币汇率制度，即实行以市场供求为基础、参考一篮子货币进行调节、有管理的浮动汇率制度。这标志着人民币汇率管理进入了一个新的时代。实践证明，新的人民币汇率形成机制有利于增加汇率弹性、抑制单边投机和维护多边汇率，但汇率弹性的增大也对人民币汇率管理提出了更高的技术要求。在这种形势下，如何将数理分析、网络信息技术以及系统工程技术等应用于现行人民币汇率的管理过程之中，创新和发展人民币汇率管理技术，进一步规范、引导、调控与干预人民币汇率的变动与波动，提高人民币汇率管理效率，是我国汇率管理工作中面临的一个重要而又崭新的课题。

1.1 研究背景与研究意义

1.1.1 研究背景

改革开放以来，尤其是 1997 年亚洲金融危机爆发以来，人民币汇率问题一直是中国经济发展中一个十分重要而又突出的问题。进入 21 世纪以来，人民币汇率问题迅速成为一个国际社会普遍关注的焦点，它不仅是一个影响国内经济发展的货币金融问题，而且也是一个影响国际政治经济关系的政治话题。

保持人民币汇率具有一定弹性而又相对稳定一直是中国汇率制度改革的基本方向。1994 年以前，我国先后经历了固定汇率制度和双轨汇率制度。1994 年汇率并轨以后，我国实行以市场供求为基础的、有管理的浮动汇率制度。1997 年以前，人民币汇率稳中有升，海内外对人民币的信心不断增强。但此后由于亚洲金融危机爆发，为防止亚洲周边国家和地区货币轮番贬值使危机深化，中国作为一个负责任的大国，主动收窄了人民币汇率浮动区间。随着亚洲金融危机的影响逐步减弱，近年来我国经济持续平稳较快发展，经济体制改革不断深化，金融领域改革取得了新的进展。我国外汇管理逐步放宽，外汇市场建设不断加强，市场工具逐步推广，各项金融改革已经取得了实质性进展；宏观调控成效显著，国民经济继续保持平稳较快增长势头；世界经济运行平稳，美元利率稳步上升。这些都为人民币汇率形成机制改革创造了有利条件。

从客观上看，推进人民币汇率形成机制改革，是缓解对外贸易不平衡、扩大内需以及提升企业国际竞争力、提高对外开放水平的客观需要。我国经常项目和资本项目双顺差的持续扩大，不仅加剧了国际收支失衡，而且也进一步加剧了贸易摩擦。在这种形势下，探索完善人民币汇率制度及其形成机制，保持人民币汇率在合理、均衡水平上的基本稳定，不仅有利于我国经济社会持续健康发展，而且也有利于世界经济和金融的稳定发展。

2005 年 7 月 21 日，我国的人民币汇率形成机制改革正是在上述背景下进行的。这次汇率形成机制改革的主要内容是人民币汇率不再盯住单一美元，而是按照我国对外经济发展的实际情况，选择若干种主要货币，赋予相应的权重，组成一个货币篮子；同时，根据国内外经济金融形势，以市场供求为基础，参考一篮子货币计算人民币多边汇率指数的变化，实行有管理的浮动汇率，维护人民币汇率在合理均衡水平上的基本稳定。这次人民币汇率形成机制的改革还充分体现了主动性、可控性和渐进性的原则。首先，这次汇率制度改革是根据我国自身改革和发展的需要，尤其是充分考虑对宏观经济稳定、经济增长和就业的影响，来决定汇率改革的方式、内容和时机；其次，人民币汇率的变化在宏观管理上得到了控制，既推进了改革，又进行有效的控制，避免出现金融市场动荡和经济大的波动；最后，根据市场变化，充分考虑各方面的承受能力，有步骤地渐进性地推进改革。新的人民币汇率制度实施以来，人民币汇率的形成机制运行比较平稳，人民币汇率在合理均衡水平上保持基本稳定。人民币汇率不再盯住单一美元，人民币对美元汇率有贬有升，人民币汇率弹性得到了明显的改善。

那么，如何理解现行人民币汇率有管理的浮动汇率制度的内涵？所谓"有管理"，是指政府并不放弃管理汇率，而是根据国内外经济环境的变化和既定的汇率政策目标保持调控和干预汇率的能力和权力。汇率调整的政策目标有三个：其一是实现内外部平衡，同时内部平衡先于外部平衡；其二是增强出口竞争力和降低进口成本；其三是降低汇率风险，确保金融市场与宏观经济安全。其具体操作内容包括政府根据国内外经济基本面的变化，调整人民币汇率接近其均衡汇率水平，进而保持促进经济的内外部平衡；同时，政府还可以根据美元、欧元、日元等一篮子世界主要货币之间汇率的变化，以及国内外相对通货膨胀率的变化，调整人民币汇率，从而保持人民币实际贸易加权汇率的稳定，进而确保进口成本与出口竞争力的稳定。但基于国内市场经济制度发育和外汇市场基础设施建设的不完善，特别是对外贸易在中国经济中举足轻重的特殊地位等一些特征事实，我国还不能像发达国家那样完全服务于宏观经济的内外平衡，而采取完全的浮动汇率制度。我国的汇率体制改革必须符合经济规律，必须符合中国经济的实际。汇率机制改革是一个使汇率形成机制逐步市场化的过程，而且这一市场化过程是渐进的，而不是一蹴而就的。虽然我国目前已经建立了市场化平台，但是人民币汇率形成的真正市场化还有很长的一段路要走。

然而，面对人民币汇率形成机制市场化程度的提高和人民币汇率弹性的增大，政府有必要适时地对汇率进行调控和干预，使之向着"正确的"汇率方向移动。因为，如果实行完全的浮动汇率制，那么无效的外汇市场更倾向于产生"错误的"汇率。要使市场自发调整到"正确的"汇率（完全反映经济的基本面）的话，这个过程通常会是漫长的和痛苦的，而且要付出惨重的代价。[①] 因此，政府的管理或干预是非常必要的，也是一个非常有效的工具。那么，政府如何进行有效性干预，并如何获得干预的正面效应？其干预的机制和技术是什么？由此，人民币汇率管理技术就凸显为一个重要的问题。

从现实情况看，学界对于人民币汇率管理的研究仍然徘徊在一个定性分析的层面上，当然，就个别方面来看，也许不是这样。然而，现有的某一汇率理论、汇率政策、汇率措施等的确都不能圆满地解决有管理的浮动汇率制下的管理效率问题。它们都缺乏一个从综合的、全面的、定量的角度来解决人民币汇率管理中的诸多问题的核心东西——人民币汇率管理技术。可见，探索和研究人民币汇率管理技术问题已经成为人民币汇率管理中的当务之急。

当前，国际政治经济格局正发生着复杂而深刻的变化，世界经济在

---

① 露西沃·萨诺（Lucio Sarno），马克·P. 泰勒. 汇率经济学 [M]. 何泽荣，译. 成都：西南财经大学出版社，2006：226.

深调整中曲折复苏，新一轮科技革命和产业变革蓄势待发，全球经济治理体系深刻变革。同时，国际金融危机深层次影响在相当长时期内依然存在，全球经济贸易增长乏力，保护主义抬头，地缘政治关系复杂变化，传统安全威胁和非传统安全威胁交织，外部环境不稳定不确定因素增多等。在这种新形势下，人民币汇率管理问题将更加凸显为一个新的重大课题。随着人民币自由兑换和人民币国际化程度的不断推进，有效管理人民币汇率不仅对于中国经济而且对于世界经济都将产生重大影响。有鉴于此，本书尝试以宏观管理科学的思想为指导，从微观技术分析的视角，创建人民币汇率技术的理论分析框架，梳理总结国外汇率技术理论与方法的发展脉络，探索人民币汇率技术理论与方法的演变规律，构建人民币汇率技术创新体系，规划人民币汇率技术发展目标与战略，最终实现提高人民币汇率管理效率的目的。

1.1.2 研究意义

人民币汇率管理技术，作为金融技术的一种，它是宏观管理科学的重要组成部分，具体包括人民币汇率制度选择技术、人民币汇率机制管理技术、人民币汇率弹性管理技术、人民币汇率风险管理技术、人民币汇率信息管理技术以及人民币汇率产品管理技术等。当前，探索和研究人民币汇率管理技术具有十分重要的理论意义和现实意义。

从理论上看，探索人民币汇率管理技术不仅可以拓宽汇率研究的空间，丰富管理科学的研究内容，而且对于提高人民币汇率的管理效率也具有重大的理论指导作用。其具体表现在以下几个方面：

（1）顺应了当代世界汇率理论的研究视角从以宏观分析为主逐步向以微观分析为主转变的趋势。人民币汇率管理技术作为一种重要的生产力，将为人民币汇率管理水平和管理能力的提高提供重要的操作手段和技术支持。事实证明，宏观经济管理中的技术作用越来越重要。一种汇率制度是否适合于一个国家，将主要取决于该国特定的经济金融环境，而汇率机制运行效率的提高则主要取决于汇率管理技术的创新与发展。汇率管理技术不仅对一国的汇率政策产生重要影响，而且也会影响到一国汇率制度改革的取向。

（2）为深化中国金融改革、强化外汇市场在外汇资源配置中的基础性作用提供理论决策依据。现代市场经济条件下的社会化大生产与资源配置越来越体现出强烈的货币导向和先进的金融技术推动，汇率管理技术正是顺应这一趋势，从而使现代金融成为国民经济运行的"第一推动力"和"持续推动力"有了更新的表现方式和作用内涵。我国外汇市场的发育还不完善，外汇市场的供求情况表现为持续的供过于求，人民币面临较大的升值压力，这种情况决定了我国汇率管理的必然性和必要性，相应地对汇率管理的技术要求也越来越高了。

（3）为解释现实经济活动中出现的新现象和新问题提供新的分析工具。随着当今国际金融危机的继续蔓延和深化，特别是国际社会呼吁改革以美元为主导的国际货币体系的不断推进，人民币版图的扩张越来越明显。在这种情况下，有效管理人民币汇率、保持人民币汇率的基本稳定是树立市场对人民币信心的重要保证。加强人民币汇率管理技术的创新与发展，不仅有利于人民币汇率的稳定，而且有利于人民币的国际化以及人民币尽早成为国际储备货币。

从实践上看，首先，探索人民币汇率管理技术有利于构建人民币汇率管理的制度框架，从而破解"进一步完善人民币汇率形成机制"之命题。自2005年新的汇率制度改革以来，完善人民币汇率形成机制的问题一直没有得到较好的解决。特别是国际金融危机爆发以后，面对全球经济失衡的不断加剧和贸易摩擦的不断升级，人民币升值问题已成为一个国际性热点话题。面对这种形势，如何通过进一步完善人民币汇率形成机制，使人民币汇率既具有弹性又保持相对的稳定性，从而实现中国经济利益的最大化，一直是我国政府最为关注关心的焦点问题。对此，实务工作者和学界进行了广泛的讨论，但至今仍没有满意的答案。当务之急，我国必须大力创新和发展人民币汇率管理技术理论和方法，这是提高人民币汇率管理效率的关键所在。

其次，在国际金融格局不断变化的新形势下，加强和重视人民币汇率管理技术的研究和探索，可以正确认识人民币汇率运行、变动和波动的特征和实质，帮助人们走出"人民币升值有害论"的误区。事实证明，人民币升值是中国经济长期快速持续健康发展的必然结果，人民币升值固然有其不利的一面，但只要我们从技术上把握好其升值的节点和节奏，是完全可以趋利避害的。

最后，从政府决策的角度看，重视人民币汇率管理技术的探索和研究，可以准确地把握人民币汇率运行、变动和波动的规律，从而有利于提高人民币汇率管理的主动性和有效性，增强货币政策的独立性。

1.1.3　应用价值

从应用的角度看，研究人民币汇率管理技术具有以下几个方面的价值：首先，为人民银行和金融监管部门有效管理汇率提供可操作性的技术支持。汇率的弹性增大对人民银行管理提出了更高的技术要求，通过对人民币汇率管理技术的研究可以为人民银行提供必要的技术支持。同时，层出不穷的汇率产品，将对传统的汇率监管方法提出了严峻的挑战。金融监管部门可以充分利用汇率管理技术构建新型的人民币汇率监管体系，从而达到有效监管的目的。

其次，为金融机构和涉外企业开拓新的生存与发展空间提供优质金融服务。随着汇率弹性的增大，金融机构和涉外企业在对外经济活动中必然遇到各种各样的汇率风险。金融服务业通过运用先进的汇率管理技术，就可以为之提供优质的服务。一方面，可以降低企业外汇融资成本；另一方面，可以有效规避涉外企业所面临的各种汇率风险。

最后，满足投资者对汇率产品多样化的多层次需求。金融服务机构通过采用先进的人民币汇率管理技术，对客户面临的收益与风险进行评估、分解、取舍、组合，从而设计和开发出新型的、多元化的汇率产品，以满足投资者的不同层次需求。

1.2　国内外研究状况

汇率作为一种货币的对外价格，具有双重的特征。从作为一般商品价格的角度看，汇率的决定、运行、变动或波动，似乎不需要人为的管理或干预，完全可以由市场供求关系来决定；但从作为一种体现一国对外经济主权特征的特殊商品价格的角度看，又必须对汇率的决定、变动、波动与稳定进行管理，因为汇率乃是实现货币稳定和经济稳定的最重要变量之一。大量事实证明，不论是成熟市场经济体还是新兴市场经济体，完全听任其汇率自由波动的寥寥无几。美国、日本以及欧盟等成熟市场经济体虽然名义上号称实行完全浮动的汇率制度，但也并没有完全放弃货币当局干预汇率的权力。各国经济发展的现实越来越使人们形成这样一种共识，即政府有必要适时地对汇率进行管理，使之向着有利于本国经济发展的"正确的"汇率方向变动。接下来的问题是，政府应当如何进行管理、什么时间管理、管理到什么程度、管理的技术是什么？对此，国内外学者进行了有益的探索和研究。

1.2.1 国外研究现状

从国外研究情况看，对于汇率管理技术相关问题的研究总是与国际收支理论、汇率理论、汇率制度、汇率政策以及外汇管理等诸多问题交织在一起的。在第一次世界大战之前，贵金属作为世界通用的货币，金币或银币的重量和纯度则是各国币值决定的天然尺度。这期间，国际金本位制度正式形成，两种不同货币之间的比价（汇率）由其各自的含金量之比——铸币平价决定。从重商主义到古典学派政治经济学的主要经济学家观点成为这一时期汇率理论的主要渊源，如重商主义者马林斯（Gerrard Malynes）对汇率变化与货币流动关系的阐述、大卫·休谟（David Hume）和亚当·斯密（Adam Smith）关于汇率对进出口影响的分析、大卫·李嘉图（David Ricardo）关于影响货币价值变动因素的分析、西斯蒙第（Sismondi）关于不同形式的金本位制下汇率变化问题的论述等。两次世界大战期间的世界经济发展极度紊乱，古典经济理论对此无法解释，于是凯恩斯理论应运而生。梅兹勒（Metzler）、马克卢普（Machlup）和蒙代尔（Mundell）等把核心的凯恩斯宏观经济理论应用到国际经济的问题研究中。[①] 这些新的模型主要是建立在静态世界的分析中，即工资和价格刚性、失业以及国家之间有限的金融联系。其主要贡献是解释了在凯恩斯乘数基础上的贸易效应、经济政策的反馈效应、贬值效应、浮动汇率的决定和凯恩斯消费函数中贸易条件的作用，在这里货币因素不被重视。米德（Meade，1951）在其著名的论文《国际收支》中更进一步地扩展了凯恩斯理论，也融入了货币因素。米德在开放经济条件下分析了经济冲突问题及其解决方法，其目的是指导政策选

---

① 姜波克，陆前进. 国际金融学 [M]. 上海：上海人民出版社，2003：2.

择。但是米德的分析是比较静态分析，缺乏动态调整的研究。蒙代尔和弗莱明模型不仅研究了固定汇率制下如何通过货币政策和财政政策的搭配来实现宏观经济的内外均衡，而且讨论了浮动汇率制下宏观经济政策的效应。

从第二次世界大战结束到 20 世纪 60 年代初期，资本主义世界建立了以美元为中心的国际货币体系，即布雷顿森林体系，确立了一种可调整的钉住汇率制度，即战后实行的固定汇率制度。这一时期的汇率管理技术主要有两个特点：（1）汇率管理技术主要关注的重点是货币贬值问题而不是汇率决定问题。① （2）这一时期的货币贬值理论，主要强调了汇率变动对贸易差额的调节作用，完全忽视了汇率变动对资本流动的影响。这是因为，在这一阶段，不同国家之间的短期资本流动受到政府的严格控制。从 20 世纪 60 年代初期到 70 年代初期，随着布雷顿森林体系的解体，资本主义世界进入了浮动汇率制的时代。浮动汇率的出现不但对各国经济贸易产生巨大影响，而且对迅速发展的国际性跨国公司也有很大冲击。因此，西方各国开始重视汇率的预测问题，其中包括两个关键问题：一是决定汇率的基本因素是什么，二是最佳的预测汇率方法是什么。② 人们重新构建了汇率决定的结构分析模型，从汇率的流量分析转向了汇率决定的存量分析，把汇率看作是资产的价格。在这方面的研究领域中，先后出现了几种重要汇率模型。首先是弹性价格货币模型，这一方法在 20 世纪 70 年代迅速发展。其模型依赖于购买力平价条件，或者说一价定律是存在的。同时，金融市场的全球化决定了国内利率受国内利率的影响，国内和国外债券被视作单一资产，风险中性的资

---

① 傅建设. 现代汇率经济学 [M]. 上海：上海社会科学院出版社，1998：1.
② 艾军. 西方国家汇率预测技术的发展 [J]. 国际金融研究，1987（3）：46.

产持有者认为利率平价是存在的，即国内利率等于国外利率加上汇率的预期变动率。在这里，商品市场和金融资产市场是同时达到均衡的。货币模型也可以说是汇率变动的通货膨胀理论，若国内通货膨胀高于国外，本国货币贬值；反之则相反。模型假定充分就业，工资和价格完全弹性，在两国既定的货币需求函数的条件下，汇率由两国货币的相对需求和供给来决定。该模型借助了卡甘（Cogan）的货币需求模型，同时能够更深入研究通货膨胀的发展趋势和铸币税问题。将卡甘模型扩展到开放经济下，很自然地就能研究名义汇率的变动。同样，探讨货币需求的微观基础问题，能够进一步扩展该模型，如在效用函数中引入货币因素的模型和考虑消费者的预付现金（cash-in-advance）约束条件的模型。这些模型从不同的角度解释了货币和汇率之间的关系，突出了货币因素在汇率决定和变动中的作用。然而，该模型关于商品价格完全弹性的假定并不符合现实。① 其次是粘性价格货币模型，这一模型是由多恩布什（Dornbusch，1976）扩展了静态凯恩斯方法完全预期的名义汇率模型，这种扩展是基于弗莱明（Fleming，1962）和蒙代尔（Mundell，1963）模型之上的。多恩布什提出，货币市场和商品市场调整的不对称性产生了汇率的超调，即商品市场调整不足需要通过货币的过度调整来弥补，这就是所谓的粘性价格货币模型。它修正和扩展了购买力平价理论和传统的弹性货币模型，解释了汇率超调的现象，是对布雷顿森林体系解体后汇率高度波动的解释。均衡汇率模型研究了实际因素对汇率的冲击，认为汇率波动是对这些冲击的内生性反应，中央银行无须干预外汇市场。可见，传统的汇率宏观基本因素模型不能很好地解释汇率波动，实证检验拒绝了有效市场的假说，一些学者从外汇市场的投机泡沫

① 吕江林，王磊. 西方汇率决定理论的发展脉络评述 [J]. 江西社会科学，2009（7）：86.

（speculative bubbles）、比索问题（Peso problem）、风险贴水（risk pre-mium）和新闻模型（news model）等来检验解释外汇市场有效性的失败。① 投机泡沫是由于初期汇率偏离基本因素所决定的水平，在理性预期的条件下导致汇率泡沫进一步成长；比索问题是指如果有导致汇率大幅波动的小概率事件存在，样本分布不可能是正态分布，对外汇市场进行标准的检验就否定了外汇市场的有效性；风险贴水是指远期汇率并不是将来的即期汇率的无偏估计，它是对外汇市场假设前提的否定；新闻模型是指在预期的期间内有非预期宏观基本因素的出现，这些未预期到的新闻导致汇率变幻莫测。一些学者如德·格劳威（De Grauwe）认为，外汇市场参与者的预期并不是同一的，假定市场上有两类投资者：一是基本因素的分析者，二是技术分析者，资产管理者在下期的投资分析中，给较准的一方赋予较大的权重。这种宏观基本因素和外汇市场微观分析结合成为汇率理论研究的一大趋势。实证检验的结构指出，短期内微观的技术分析有一定效果，但一些经济学家认为长期内能够解释汇率运动规律的仍然是宏观的基本因素分析。因此，从汇率理论发展的过程看，每一种汇率理论对现实的解释都是不能令人满意的，汇率变动似乎并不遵循某种规律。最近发展起来的对汇率变动问题进行解释的混沌模型（chaos model）是将自然科学中的混沌现象引入到汇率理论的研究中，一些学者试图通过混沌理论来模拟汇率走势。因此，从外汇市场的微观结构和混沌理论来解释汇率变动，成为汇率理论又一新的发展分支。②

进入 20 世纪 80 年代后，汇率理论的动态发展中一个重要的分支是

---

① 王爱俭. 国际金融理论研究：进展与评述 [M]. 北京：中国金融出版社，2005：9.
② 姜波克，陆前进. 国际金融学 [M]. 上海：上海人民出版社，2003：3.

经常账户的跨时均衡分析。它把最优的增长理论应用到开放经济中，主要研究了该时期美国经常账户的持续逆差与日本经常账户持续顺差的长期影响是什么；政府的预算赤字如何影响利率、贸易收支和汇率；国际资本市场的日益一体化是否影响各国的经济周期，是否影响经济周期的国际传递；投资者心理的突然变化如何通过国际资本市场影响各国经济。在 20 世纪 80 年代早期，许多研究者建立了经常账户的跨时模型，其中储蓄和投资的确定代表前瞻性的最优决策。在凯恩斯的分析方法中，净出口主要由当期的相对收入水平和对外净利息支付决定；在跨时方法中，忽略了这些因素。该模型不同于早期的开放经济的增长模型，这些模型能够分析短期的动态问题，如贸易条件冲击的短期和长期的动态效果，这种方法也能够分析一国的跨时预算约束和政府的跨时预算约束。跨时模型通过考察影响消费和影响投资行为的关键因素以及世界利率的决定，能够分析经常账户等变量跨时均衡的变化。另外，在此基础上还有叠加模型（overlapping generation），该模型最早由阿莱斯（Allias）和萨缪尔森（Samuelson）引入，它与莫迪利安尼（Modigliani）和布伦伯格（Brumberg）著名的生命周期储蓄分析相一致，即允许不同年龄的消费者之间存在异质性。根据该模型，人口变化趋势和税收的代际影响也是决定国民收入和经常账户的重要因素。跨时分析方法提供了一个理论分析框架，能够分析重要的外部均衡的相互关联的政策问题，外部均衡的持续变化和均衡的实际汇率，所有这些都是和一国经济所面临的跨时均衡相联系得到的。跨时方法能够分析开放经济下政策的福利效果。这种方法主要是从自动的调节机制和动态的稳定分析转向跨时预算约束和最大化的横截面条件的分析。

1995 年，奥布斯特弗尔德（Obstfeld）和罗格夫（Rogoff）在其论文《再论汇率动态变化》中共同提出了 REDUX 模型。这是一个跨期均衡分析模型，其分析中融入了微观经济基础、名义价格刚性和不完全竞争等因素，这种研究的一个主要目标是建立开放经济宏观经济学分析的一个新的工作母机模型（workhorse model）。[①] 奥布斯特弗尔德和罗格夫的 REDUX 模型也假定在一体化的世界资本市场中，两国能够进行借贷，国际上唯一的可交易的资产是无风险的实际债券，用消费品标价。厂商在他们的预算约束下使自身一生效用最大化。效用最大化包含三个条件：第一个条件是标准的欧拉方程。第二个条件是货币市场的均衡条件，即实际货币余额提供的服务消费的边际替代率等于持有实际货币余额的机会成本。在效用函数中，典型厂商直接从持有货币中收益，但是损失了无风险债券的利息和消除通货膨胀成本的机会。第三个条件是多生产一单位的产品获得收入的边际效用等于劳动的边际负效用，这是一个劳动和闲暇的交替方程。REDUX 模型主要的核心是货币冲击对实际货币余额和产量的影响。在完全弹性的价格条件下，永久的冲击不会有影响，世界经济仍处于稳定状态。即货币供给上升没有实际效果，不可能弥补产量水平的下降，货币是中性的。在短期内，由于价格刚性，货币政策可能有实际效果，由于价格不变，货币供给增加，名义利率下降，因此汇率贬值。外国产品相对于国内产品更加昂贵，对国内产品的短期需求上升，导致产量上升，因此货币冲击对经济有实际效果。如果价格固定，产量是由需求决定的，又因为垄断的生产者总是在边际成本之上定价，在固定价格下，满足非预期的需求总是有利可图的。在这个模型中，汇率贬值的幅度小于货币供给，货币贬值导致对国内产品的需求上升，国内收入短期增加。和多恩布什模型不同的是，该模型并不能得出汇率超调的结论，替代弹性 θ 越大，汇率效果就越小；当 θ 趋向于

---

① 姜波克，陆前进. 国际金融学［M］. 上海：上海人民出版社，2003：5.

无穷大时，本国和外国产品的替代弹性上升，需求发生了较大的转移，但是汇率变化不大。总之，货币冲击有持续的实际效果，影响消费、产量和汇率。尽管一价定律和购买力平价存在，在正的货币冲击过后，国内和国外福利同等程度增加，产量接近于完全竞争市场的水平，在一期内调整到稳定水平。按照该模型，均衡的名义汇率决定于两国（对数形式的）各自均衡的货币供给之差以及两国各自均衡的消费需求之差。REDUX 模型经过后人的改进后，对短期汇率的预测有一定准确性，而且其得出的"长期而言货币中性，超调的汇率会逐渐向长期均衡值靠拢"的结论对长期中名义汇率的走势也有一定的解释力。①

汇率混沌理论的产生和汇率实践的发展是相一致的。从固定汇率制向浮动汇率制转变最主要的特点是无论名义汇率还是实际汇率都波动频繁，汇率每天之间、每月之间、每年之间变动幅度都比较大。大多数汇率的短期波动难以用基本经济因素等传统的分析方法予以分析和预测，人们对外汇市场的有效性产生怀疑，汇率持续波动更多地由随机出现的新信息或其他原因来解释。正是在这样的背景下，经济学家才转向汇率变动的混沌现象的分析。第一，汇率混沌的分析方法是汇率理论研究方法上的一种突破，它给理论经济学家和计量经济学家提供了一种研究汇率的新视角。第二，在混沌模型的构建中，融入了宏观基本因素分析和外汇市场的技术分析，更加客观地反映了外汇市场的实际情况。它不仅强调宏观基本因素在汇率决定中的重要性，也同样考虑到外汇市场交易者的实际行为，这也是汇率理论研究的一个突破。第三，该模型突破了传统宏观经济结构模型的决定，从理性预期转向非理性预期或不完全信息的分析。第四，尽管模型依赖于初始条件，我们可能不知道变量的变

① 吕江林，王磊. 西方汇率决定理论的发展脉络评述 [J]. 江西社会科学, 2009 (7)：88.

动准确值，汇率运动的轨迹是随机的和不规则的，但是还是能够估计它们总体的变化范围的值。第五，由于外汇市场汇率变化显示高频特征，汇率的线性特征越来越弱，非线性变化越来越明显，通过混沌模型建立非线性方程或方程组来描述汇率变动的复杂性可能也是对现实世界复杂性的一种精确反映。第六，混沌理论并没有传统的汇率宏观经济结构模型那样政策含义明显，但是由于对初始条件敏感，对于混沌过程在很短的时间内作预测还是可行的。①

由于经济系统是一个相当复杂的非线性系统，从混沌理论的角度来研究汇率变动也面临一系列问题。首先，怎样建立汇率的非线性模型仍是将来需要进一步突破的，自然科学中的混沌理论能否成功应用到汇率理论的研究中，建立适当的非线性的模型是至关重要的。其次，模型没有融入中央银行干预的分析。与股票、商品市场等相比，外汇市场有中央银行的干预。中央银行的干预对汇率变动和外汇市场的有效性有决定性的影响，融入中央银行干预可能是将来建模需要考虑的一个重要因素。再次，尽管实证研究指出汇率变动有混沌迹象，但用混沌理论来解释汇率还处于初始阶段，对汇率变动混沌现象的判断可能仍有待进一步研究。最后，与其他汇率宏观经济结构模型一样，任何一个汇率理论可能只是在特定前提和特定阶段具有解释力，混沌理论也不例外。尽管如此，混沌理论将进一步促进我们对汇率变动非线性的研究，必将成为汇率理论研究的一个重要分支。

进入 20 世纪 90 年代后，美国金融学教授约翰·芬尼迪（John Finnerty）首次对金融工程给予界定。1997 年度诺贝尔经济学奖获奖者——美国斯坦福大学教授迈伦·斯科尔斯（Myron S. Scholes）和哈佛

---

① 姜波克. 均衡汇率理论和政策的新框架［J］. 中国社会科学，2006（1）：15 – 17.

大学教授罗伯特·默顿（Robert Merton）在期权定价领域也作出了开拓性研究。其后，美国的史密斯（Cifford W. Smith）、约翰·芬尼迪教授和英国的格利兹（Lawrence Galitz）教授等则进一步创新和发展了金融工具与金融手段的设计、开发与实施。在此基础上，奥布斯特弗尔德和罗格夫（1995）、米什金（1998）、弗曼和斯蒂格利茨（1998）、弗舍尔（2001）、卡尔沃和米什金（2003）等从不同的角度对汇率管理技术，如货币篮子的管理技术、汇率浮动的目标区管理技术、外汇衍生工具的创新技术等进行了有益的探索和研究。特别是英国学者艾玛·A. 穆萨在 1999 年撰写的著作《汇率预测——技术与应用》，更加系统地阐述了汇率预测的基本技术原理和技术模型，并重点讨论了作为决策制定变量的汇率预测问题。①

　　总体来看，上述文献对于汇率管理技术的研究对象与范围并没有明确的定义和界定。西方最具权威的经济学辞典，如《新帕尔格雷夫经济学大辞典》《新帕尔格雷夫货币与金融大辞典》等都没有关于汇率管理技术的词条。但从研究内容上看，对于汇率管理技术的研究对象与范围只是有一个粗略的看法，例如，20 世纪 70 年代后期由著名经济学家、汇率问题专家弗兰克（J. Frenkel）和约翰逊（H. Johnson）共同主编的一本《汇率经济学》②，收集了 20 世纪 70 年代最具代表性的汇率经济学论文，从论文的主要内容看，基本上都是对汇率决定问题的研究，包括汇率决定的经济理论和经验分析。20 世纪 80 年代后期，由著名汇率问题专家多恩布什（R. Dornbusch）撰写的一篇汇率经济学方面

---

① 艾玛·A. 穆萨. 汇率预测技术与应用 ［M］. 刘君，等译. 北京：经济管理出版社，2011：26.

② J. FRENKEL and H. JOHNSON，1978. The Economics of Exchange Rates. Addison-Wesley Publishing Company.

的综述文章，其内容也是汇率决定理论，另外也涉及汇率的变动等问题。[①] 20 世纪 90 年代初期，由著名汇率问题专家迈克唐纳德（R. Mac-Donald）和泰勒（M. Taylor）以《汇率经济学：一个概述》[②] 为题对浮动汇率制度确立以来汇率经济学的发展所作的综述中，其主要内容仍然是汇率决定问题，包括理论分析及实证检验。因此，从西方现代汇率经济学文献看，现代汇率经济学主要研究汇率决定问题，即对汇率决定的经济学分析。但从研究趋势来看，随着世界经济的发展变化和国际金融动荡的加剧，世界各国越来越重视金融市场微观结构的机制在汇率决定中的重要作用，特别是重视对汇率干预作用的研究，进而更加重视对汇率干预技术的研究和探索，以提高汇率干预的效率。

1.2.2 国内研究现状

从国内研究情况看，对于人民币汇率管理技术的研究起步较晚。从客观上说，人民币汇率管理技术不仅大大滞后于其他金融技术的发展，而且严重滞后于汇率管理的现实需要。其原因在于我国汇率制度长期徘徊于固定汇率制度或近似固定汇率制度之间，货币当局的汇率管理体制僵化和经济主体的汇率风险意识淡薄，忽视了对于汇率管理技术的研究和探索。随着新的人民币汇率形成机制的不断运行，不同经济主体对于汇率变动的敏感性明显增强，迫切需要采用更复杂更先进的技术来管理金融资产。因此，对于人民币汇率管理技术的探索和研究自然具有了客观基础和现实需要。从时间上看，关于人民币汇率管理技术的研究成果

---

① R. DORNBUSCH, 1990. Exchange Rate Economics, In: D. Llewellyn and C. Milner, Current Issues in International Monetary Economics, Macmillan Education Ltd.

② R. MACDONALD and M. TAYLOR, 1992. Exchange Rate Economics: A Survey, IMF. Staff Paper. Vol. 39, No. 1.

主要集中在人民币汇率并轨时期和新汇改后的时期。其中，傅建设（1998）的《现代汇率经济学》是国内较早探索汇率管理技术的著作之一。该书在考察了 20 世纪 50 年代以来汇率经济学发展与演变的基础上，首先分析比较了现代汇率经济学中的各种贬值理论，然后探讨了汇率决定理论，最后分析了人民币贬值的经济效应以及人民币汇率的形成机制。[①] 这些对于人民币汇率管理技术理论的研究无疑具有开创性的铺垫和指导意义。

　　冯芸、吴冲锋（2001），唐国兴、徐剑刚（2003）[②]，张斌、何帆（2004）等则是从度量方法、模型以及监测指标的角度，对人民币汇率管理技术进行了前期的研究。他们认为，明确的人民币汇率政策目标及其相应的监测指标为汇率制度改革和汇率水平调整确立了方向。具体的监测指标主要有均衡汇率、人民币对美元的双边名义汇率和实际有效汇率。政府应根据监测指标的变化适时干预汇率以实现汇率政策目标，避免陷入"被动"或"盲进"等。

　　陈志武、巴曙松等（2005）具体提出了金融技术的意义、概念和作用等；吴腾华（2007）在梳理国外汇率管理技术演变脉络的基础上，专门分析了人民币汇率管理技术的特点、功能、变迁过程和创新目标等；周继忠（2009）讨论了人民币汇率的篮子技术等；刘晓辉、范从来（2009）讨论了人民币汇率的弹性技术等；伍海华（2009）讨论了汇率波动复杂性问题等。

　　谢赤等（2013）比较系统地研究了汇率系统的动态复杂性、汇率预测方法以及外汇干预的基本理论与技术方法等问题。其中，具体研究

---

① 傅建设. 现代汇率经济学［M］. 上海：上海社会科学院出版社，1998：26.
② 唐国兴，徐剑刚. 现代汇率理论及模型研究［M］. 北京：中国金融出版社，2003：67.

了基于空间聚类、时频分析、GARCH 模型与神经网络的汇率预测问题，基于小波变换、光顺样条滤波独立分量分析与支持向量机的汇率预测问题以及基于 IV-GARCH 模型的汇率干预有效性问题等。[①] 其研究成果对于提高汇率预测的精度与合理性，对于提高对外汇市场监管的准确性、科学性与有效性以及对于提高汇率风险管理水平与外汇干预效率等均具有重要的理论意义和现实意义。

另外，国内学者余永定、姜波克、黄泽民、张志超、李翀、丁剑平以及张晓朴等也先后提出了重视研究汇率管理技术的理念和看法等。这些将为人民币汇率管理技术的进一步研究奠定良好的基础。

从上述研究成果来看，对于人民币汇率管理技术问题的研究思路和研究方向是正确的，但也存在着突出的缺点，即对汇率管理技术的认识更多地停留在单一、肤浅和零乱的层面上，缺乏综合性、专业性和系统性，还远远不能满足进一步完善人民币汇率形成机制的现实需要。显然，在对人民币汇率管理水平要求更高的新形势下，如何创新和发展人民币汇率管理技术仍是一个亟待解决的问题。有鉴于此，本书主要从构建人民币汇率管理技术体系的角度，试图在破解"如何进一步完善人民币汇率形成机制"这一命题方面进行一些尝试。

1.3　研究目标与拟解决的主要问题

1.3.1　研究目标

首先，通过创建人民币汇率管理技术的分析框架，梳理人民币汇率管理技术的演变过程；其次，探索人民币汇率管理技术的创新体系和规

---

① 谢赤，等. 汇率干预与外汇干预研究［M］. 北京：科学出版社，2013：44.

划人民币汇率管理技术发展的目标、路径和战略；最后，实现人民币汇率的引导、规范与调控成本的降低以及管理效率的提高和外汇资源的合理配置等。

1.3.2　本书拟解决的主要问题

1. 人民币汇率管理技术概念的内涵与外延的界定问题。"人民币汇率管理技术"概念的完整提出在我国并不多见，如何界定其内涵和外延，如何从理论上分析汇率管理技术与汇率理论发展之间的内在关系等，这既是本书的问题提出，也是本书研究的逻辑起点。

2. 人民币汇率管理技术创新体系的构建问题。从汇率管理技术发展的一般逻辑来看，人民币汇率管理技术体系主要包括四个层次，即研发层次、应用层次、创新层次和发展层次。其中，重点是人民币汇率管理技术的创新层次，它是一个内容丰富的创新体系，具体包括创新内容、创新机制与创新环境等。这是本书的重点和难点问题。

3. 创新人民币汇率管理技术与提高人民币汇率管理效率之间的内在关系问题。人民币汇率管理技术创新的根本目的在于：通过规范汇率运行、干预汇率波动、预测汇率走势、控制汇率风险、反映汇率信息和优化外汇资源配置等，从而提高人民币汇率管理效率。那么，创新人民币汇率管理技术与提高汇率管理效率之间存在怎样的关系，其传递机制是什么，能否通过构建数学模型加以检验等，这是本书的关键问题。

4. 在完善中央银行外汇市场干预机制的基础上，如何实现人民币汇率管理技术的研发、应用、创新和发展四个环节的良性互动循环问题。这是本书要解决的应用问题。

1.4　研究思路、研究方法与技术路线

1.4.1　研究思路

人民币汇率管理技术的创新与发展，是建立在定性分析与定量分析的基础上，将数理分析、计算机技术、信息技术、协整理论、动量策略等引入汇率管理之中的一项集交叉性、综合性和复杂性为一体的系统工程，并按照汇率管理技术发展的一般逻辑顺序关系，即研发、应用和创新三个层次。因此，本书的研究思路是：

首先，以相关的金融理论、汇率理论和时间序列理论等为基础，构建人民币汇率管理技术的一般分析框架。其中的难点和重点是建立人民币汇率与一篮子货币之间变化关系的计量模型，具体包括确立一篮子货币的权数设定、人民币汇率指数及其变化依存指数等。

其次，研究和创新人民币汇率管理技术的内容体系。具体包括人民币汇率制度管理技术、人民币汇率弹性管理技术、人民币汇率风险管理技术、人民币汇率信息管理技术以及人民币汇率产品管理技术等。在此基础上，分析人民币汇率管理技术与汇率管理效率之间的关系，然后，联系实际，确定人民币汇率管理技术的创新内容和创新重点等。

最后，围绕未来人民币汇率管理技术创新与发展的基本方向，剖析影响人民币汇率管理技术创新与发展中的诸多制约因素，提出加快人民币汇率管理技术发展的对策措施等。

1.4.2　研究方法

人民币汇率管理技术问题涉及技术、经济、金融、政治、社会、心理、信息以及人文等众多因素，是一个庞大的复杂系统。因此，在对人

民币汇率管理技术的分析和研究中，这里重点使用了以下研究方法。

一是历史分析与逻辑分析相结合的研究方法。对汇率管理技术分析的跨度较大，特别是在分析国际汇率管理技术时，其跨度为 19 世纪、20 世纪和 21 世纪三个世纪，在这样一个大跨度下，始终坚持逻辑分析为主线，即将汇率管理技术的历史演进和逻辑演进有机结合进行分析。

二是理论分析与实证分析相结合的研究方法。人民币汇率管理技术是科学技术自身特点和人民币汇率内在发展规律与世界范围内政治、经济、金融等相互融合的结果，有关人民币汇率管理技术的创新与发展问题只是从理论上进行了一些推论和探索，在实践中到底是怎么样的，还有待于进一步实证分析和实践来验证等。

三是定性分析和定量分析相结合的研究方法。在人民币汇率管理技术涉及的诸多因素及其相互作用关系中，有些需要定性分析，有些需要定量分析。因此，需要将二者有机地结合起来，才能全面、系统地解决人民币汇率管理技术中的定性问题与定量问题。

四是充分吸收和借鉴现代分析技术，如系统论、博弈论的分析方法等。自然界和人类社会的某些规律具有同一性，有关的研究方法可以相互吸收和借鉴。对人民币汇率管理技术的分析需要从系统工程的角度，采用系统分析和博弈论的方法，才能全方位、多角度地审视和考察人民币汇率管理技术中的宏微观问题，才能有针对性地解决实际问题。

1.4.3　主要技术路线

在技术路线上，将具体遵循以下逻辑关系：汇率管理技术的一般分析——国外汇率管理技术的变迁与演进——人民币汇率管理技术的变迁与演进——人民币汇率管理技术体系的创新——人民币汇率管理技术的发展路径与策略选择等。

1.5 主要研究特色与主要创新性工作

1.5.1 主要研究特色

1. 新理念——提出并界定了人民币汇率管理技术的内涵与外延，同时初步构建了人民币汇率管理技术的一般分析框架。

2. 新视角——从金融技术的角度探索和分析人民币汇率管理效率的提高问题，这不仅拓宽了人民币汇率管理的研究空间和视野，而且深化了人民币汇率管理的研究层次和深度。

3. 新方法——在定性分析的基础上，更加注重定量和技术分析，并尽可能地将数理分析、网络电子技术、通信技术、自动化技术、系统工程技术等应用于现行人民币汇率管理的分析中，弥补了在现行人民币汇率管理的研究中利用交叉学科知识不够充分的缺憾。

1.5.2 主要创新性工作

1. 尝试创建人民币汇率管理技术的一般理论分析框架。本书主要从概念内涵、内容体系、功能与作用等方面进行了探索。

2. 探索人民币汇率管理技术的创新体系。本书主要结合人民币汇率管理中的实际需要，认为应当从人民币汇率的制度选择技术、机制管理技术、弹性管理技术、风险管理技术、信息管理技术以及汇率产品管理技术六个方面进行创新。

3. 规划人民币汇率管理技术发展的目标和对策。人民币汇率管理技术的发展目标要着眼于向"高新型、复合型、集约型以及创新型"的方向发展。而科学研究和技术开发成果与人民币汇率管理需求的严重脱节、货币当局在汇率宏观管理中缺乏应用科技成果的动力、适合人民币汇率管理的科技成果转化的市场管理机制尚未建立以及缺乏服务于人民币汇率管理技术创新与发展的专业人才等，则是制约人民币汇率管理技术发展的主要因素。相应地，其对策措施主要有制订实施汇率管理技术的长远发展规划、探索建立政学研相结合的技术创新体系以及加快推进现代金融技术的人才队伍建设等。

第 2 章
人民币汇率管理技术的基本分析框架

【本章摘要】 所谓人民币汇率管理技术，是指政府或人民银行在管理人民币汇率过程中，针对人民币汇率的决定、运行、变动或波动等所采用的一系列的知识、经验与技能的系统总和。从内涵上看，它具体包括调控和干预人民币汇率的决定、运行、变动或波动的方式、方法和手段等；从表现形态上看，它属于一种集经验形态、信息形态和组织管理形态为一体的软技术；从特点上看，它具有系统性、综合性、预测性、定量性和可操作性等特点；从内容体系上看，它具体包括三种形态：知识形态、经验形态和技能形态；从功能与作用上看，它具有规范汇率运行、干预汇率波动、引导汇率预期、控制汇率风险、反映汇率信息和优化外汇资源配置六种职能，对于提高人民币汇率管理效率和增强人民币国际竞争力等具有重要的作用。

2.1 人民币汇率管理技术的基本内涵

2.1.1 人民币汇率管理技术的概念

21 世纪是知识经济的时代，科学技术已成为推动经济、社会发展的决定性因素。世界各国对于科学技术与经济社会协调发展的研究，得到了前所未有的重视。技术作为伴随人类社会的出现和进步而产生、发展起来的社会力量，不仅深刻地影响了人类过去的历史，而且也强烈地影响着人类的今天和明天。对于"技术"这个词，人们是非常熟悉的，但对它的定义却有着各种各样的表述。归纳起来可以分为狭义的和广义的两种概念。

从人和自然的关系去理解技术、从社会物质生产活动去理解技术、把技术限定在人和自然的关系范围内来定义技术，是对技术的狭义理解。正如德意志联邦共和国技术哲学家戴沙沃所说，技术是最终塑造定型的现实存在和对现实自然界的改造。在对技术的狭义定义中，由于对构成技术要素的理解不同，因而又有不同的定义：

第一，把技术理解为是人的一种能力，是技巧、技能或操作方法的总称。这种认识类似于人类社会早期对技术的理解。

第二，技术是劳动手段的总和。这种认识把技术视为人们从事社会物质生产的劳动手段，从而反映了大机器生产时代机器和工具作为技术因素的作用。它强调的是技术的物化作用，掩盖了科学理论的作用。

第三，技术是一种知识，是"实践技巧的学问"。例如，中华书局出版的《辞海》技术条目中，就认为"技术是人类在争取征服自然的力量、争取控制自然力量的斗争中，所积累的全部知识与经验"。这种理解忽视了作为劳动手段、劳动对象的物质因素的作用。

第四，技术是包括劳动工具、劳动对象、劳动者劳动技能的总称，是生产要素的特定组合。它表征了人的知识、能力、技能、劳动手段、劳动对象等要素的有机结合所形成的一个能够变革自然的有效运动系统或动态过程。

从广义上看，技术存在于全部人类活动中，在社会生产和生活的各个领域都起着重要作用。整个社会的政治、经济、文化、物质生产等，均以技术为中介而使其联系成为一个整体。因而，技术的广义概念被认为是，凡一切讲究方法的有效活动都可以称为技术活动。例如，德国技术哲学家拉普在其《技术与社会》中，将技术定义为"在人类一切活动领域中，通过理性得到的、具有绝对有效的各种方法的整体"；尼采则认为"技术是以生存为动力，实现无法满足的权利意志的手段"；日本的三木清在其《技术哲学》中认为，技术的前提是对客观事物因果性的认识，而任何技术又都体现着人类的主观目的性，主观目的性与客观因果性的统一是靠人的行为来实现的，技术就是人类"行为的形式"；法国科学家狄德罗在他主编的《百科全书》中开始列入"技术"条目，并指出"技术是为某一目的共同协作组织的各种工具和规则体系"；① 美国国家科学基金会（National Science Foundation of USA）在1983 年的技术创新文集评论中引用斯科恩（Schon）的定义，认为技术是扩展人类能力的任何工具或技能，包括有形的装备和无形的工作方法。

可见，广义的技术概念涵盖了自然和社会两个领域，因此可以把广义的技术概念定义为"人类在为自身生存和社会发展所进行的社会实践活动中，为达到预期目的而根据客观规律对自然、社会进行协调、控制、改造和利用的知识、技能、方法、规则等的总称"②。它包括三个层次：第一个层次是根据自然科学原理和生产实践经验而发展成的各种工艺流程、加工方法、劳动技能和诀窍等；第二个层次是将这些流程、方法、技能和诀窍等付诸实现的相应的生产工具和其他物质装备；第三个层次是适应现代劳动分工和组织管理的要求，对其所有资源（包括

---

① 董景荣. 技术创新扩散的理论、方法与实践 [M]. 北京：科学出版社，2009：15.
② 陈立文. 技术经济学概论 [M]. 北京：机械工业出版社，2006：4.

人、财、物）进行有效组织与管理的知识经验与方法。其中，第一个层次和第三个层次属于软技术，如经营管理技术、决策技术、组织技术、服务技术以及推销技术等；第二个层次属于物化的硬技术，其本身不具有直接分离的流动性，但具有可复制性等。[①] 技术的广义概念指出了技术发展阶段的表现形式和技术的目的与功能，揭示了技术发展的适应性和一致性，明确了技术的活动范围，指明了技术是一种社会文化现象。随着人类对于客观世界认识的不断深入，人类会不断地创新技术，从而更大限度地满足人们利用自然、改造自然和改造社会的需要。

因此，从广义的技术概念可以界定人民币汇率管理技术的基本内涵。所谓人民币汇率管理技术，是泛指一切讲究方法的有效活动，具体是指为达到预期目的而根据客观规律对自然、社会进行协调、控制、改造和利用的知识、经验、技能的系统总和。这里，具体地将人民币汇率管理技术的概念定义为：政府或人民银行为了实现人民币汇率的基本稳定，而在管理人民币汇率过程中，针对人民币汇率的决定、运行、变动或波动等所采用的一系列的知识、经验和技能的系统总和。

从具体内容上看，人民币汇率管理技术的研究对象是在管理人民币汇率的决定、运行、变动或波动过程中的各种知识、经验和技能的总和，它属于一种既可以重复使用又可以再生的资源。这里的汇率管理既包括对人民币汇率决定的管理，也包括对人民币汇率的运行、变动或波动的管理；这里的汇率主要是指名义汇率，当然个别情况下也包括实际汇率[②]。因为，经验表明，实际汇率错位的矫正最终是要依靠名义汇率

---

① 董景荣. 技术创新扩散的理论、方法与实践［M］. 北京：科学出版社，2009：17.

② 一般认为，由于汇率是两国货币之间的兑换比率，因而两国货币之间的市场汇率叫作名义汇率；两国货币实际代表的价值量之比叫作实际汇率。实际汇率反映了通货膨胀和其他经济情况，所以名义汇率围绕实际汇率而不断波动。（引自陈彪如. 国际货币体系［M］. 上海：华东师范大学出版社，1990：273.）

来调整的。其中，对人民币汇率决定的管理主要包括人民币汇率制度的选择与转换、人民币汇率形成机制的改变以及人民币汇率政策措施的调整等；对人民币汇率运行的管理主要包括对人民币汇率水平管理和日常监督等；对人民币汇率变动的管理主要包括人民币汇率的弹性与波幅、人民币汇率的变动方向以及人民币汇率变动的经济效应等；对人民币汇率波动的管理主要包括外汇市场的主体行为、外汇市场的干预及其效应以及人民币汇率的未来走势等。但相对于货币当局和金融管理者的需求来说，人民币汇率管理技术又是有限的、稀缺的；而且，不同的人民币汇率制度、汇率机制以及汇率政策会对人民币汇率管理提出不同的技术要求。

从表现形态上看，人民币汇率管理技术是汇率管理在实际中的具体应用与体现，它属于一种集经验形态、信息形态和组织管理形态为一体的软技术。例如，汇率制度、汇率理论、汇率模型、汇率政策、管理经验、管理规程、调控规则、干预手段以及汇率信息等都属于人民币汇率管理技术的一种形式，并构成人民币汇率管理技术的重要内容。

2.1.2　人民币汇率管理技术的特点

人民币汇率管理技术是基于实践经验和科学原理发展而成的，具体研究人民币汇率管理过程中的知识（包括各种汇率理论与模型等）、经验和技能（包括方式、方法、规则和手段等），它具有以下五个特点：

（1）系统性。技术是人们在生产、生活和社会活动中所创造、总结出来的系统知识，不仅包括原理、计算、设计等理论知识，而且包括在具体操作实施过程中的管理、服务与决策的技能、经验与方法等，是一套完整、系统的知识体系，而不是零星、分散的个别理论或方法。①
同样，人民币汇率管理技术也是一个完整、系统的知识体系。因而，在
研究中要将之置于一个大系统中进行分析，要采用系统分析的方法，着
眼于人民币汇率的整体管理，周密地分析各个因素和环节，取得科学依
据，以实现人民币汇率管理效率的总体最优为目的，其实施效果还要受
到经济社会环境各种不确定性因素和随机因素的影响。因而，对人民币
汇率管理技术的研究必须置于国际经济金融环境的大系统中进行分析与
论证，它是一项复杂的系统工程。

（2）综合性。人民币汇率管理技术作为一种新兴的技术形式，属
于一种集自然属性与社会属性为一体的交叉性综合性学科。所涉及的学
科种类较多，既包含自然科学的内容，又包含社会科学乃至文化习惯等
方面的内容；既包含了技术学的内容，又包含了经济学、金融学、汇率
学、心理学、政治学以及现代管理学等学科的内容。因此，在分析和研
究人民币汇率管理技术时，一定要将之置于多种学科特别是经济学、金
融学、汇率学以及心理学等的基础上进行综合性研究，并在定量计算和
定性分析的基础上进行必要的综合性分析，才能真正揭示出汇率管理技
术的运行、发展与变化的规律。

（3）预测性。人民币汇率管理技术主要回答和解决的是"做什么"
和"如何做"的问题，一般都不是目前已经发生的事情，而是未来将
要发生的事情或后果。作为一项汇率管理技术，它首先要对未来实施的
技术方案、技术措施等进行经济分析与综合评价，然后才能得出结论。
这就使得人民币汇率管理技术带有显著的未来学学科的特点，具有很强
的预测性。由于它的预测性，也决定了它的分析结果可能带有一定的风

---

① 董景荣. 技术创新扩散的理论、方法与实践［M］. 北京：科学出版社，2009：17.

险性。随着人们对于汇率管理规律的不断认识和把握，汇率管理技术会得到不断地创新与发展，从而更大限度地满足人民币汇率管理的现实需要。

（4）定量性。人民币汇率管理技术通过一定的操作程序可以为汇率管理提供高效的服务，其管理效率会随着技术的不断进步而不断提高。因此，要使人民币汇率管理技术能够转化为一种直接的现实生产力，就要求在对人民币汇率管理技术进行定性化的基础上尽可能地定量化。一般地说，在作出任何一项技术方案时，首先要调查收集反映历史及现状的数据、资料；其次，采用数学方法进行分析与计算，在分析与计算过程中还要尽量将定性的指标定量化；最后，以定量结果提供决策依据。同时，还要考虑一些无法定量的因素，如政治因素、社会因素、心理因素、环境因素以及文化习俗等。因此，在定性分析的基础上进行必要的定量计算是人民币汇率管理技术的一个突出特点。

（5）可操作性。人民币汇率管理技术既为汇率管理的实践服务，又接受汇率管理的实践检验。它需要依据大量的数据、资料来规划、设计、分析、评价若干种方案，并从中选择一个最优的方案。这主要表现在以下三个方面：一是数据的典型性和可获取性，即所要求的数据、资料能够通过相关的统计年鉴及时、方便、完整、正确地取得；二是指标的可度量性，即对定量指标要保证其可信度，对定性指标应能够通过间接赋值或计算量化等；三是指标的好度量性，即指标的计算务求简单方便、容易操作，尽可能地减少计算过程和降低计算难度。只有这样，人民币汇率管理技术才能在现实的汇率管理活动中具有真正的实用性和可操作性。

2.1.3　人民币汇率管理技术的基本原理

在研发、运用、发展和创新人民币汇率管理技术的过程中，应当遵循和体现以下几个基本原理。

（1）效益原理。效益是指在经济社会活动中的有效成果与劳动消耗的对比关系，主要包括经济效益、社会效益以及政治效益等。研发和创新人民币汇率管理技术也必须体现效益原理。人民币汇率管理技术的经济效益主要体现在是否有利于本国的经济增长、物价稳定和对外经济关系方面，特别是是否有利于进出口贸易与国际收支平衡等；人民币汇率管理技术的社会效益主要体现在是否能够照顾和平衡好各经济集团的利益，保持社会稳定以及提高就业水平等；人民币汇率管理技术的政治效益主要体现在是否有利于世界政治影响和国家经济安全等。因此，在研发、运用、发展和创新人民币汇率管理技术的过程中，必须充分体现经济效益、社会效益和政治效益三者的有机结合，从而充分发挥汇率管理技术在提高人民币汇率管理效率中的关键作用。

（2）协调性原理。科学、技术、经济、社会、文化、生态、环境的协调发展具有内在的本质的必然联系，是不以人的主观意志为转移的客观规律。只有如此，才能使人类社会经济与大自然在保持和谐关系的条件下，达到持续、稳定、协调的发展。在处理人民币管理技术问题时，同样需要从系统的整体性出发来处理汇率管理技术的各层次、各环节、各方面、各因素之间的相互关系，并科学合理地解决好汇率管理技术中的各种问题。人民币汇率管理技术需要充分运用协调性的基本原理，解决好人民币汇率管理中的各种矛盾，协调好各方利益，才能满足人民币汇率管理的真正需要，从而更好地发挥其应有的作用。

（3）标准化原理。标准化是指在技术的社会实践中，对重复性事物和概念，通过制定、发布和实施标准，使之统一和简化，以获得最佳秩序和社会经济效益的整个过程。标准化的核心是制定、贯彻和执行标准。标准化主要包括概念的标准化、方法的标准化以及程序的标准化等。标准化能够对汇率管理的各个环节起到统一协调的作用，使国民经济获得更大的经济效益，保障各个经济主体的权利和经济运行的安全高效等。在研发和创新人民币汇率管理技术过程中，必须遵循标准化的原理，使人民币汇率管理技术及时适应世界汇率管理技术发展的新趋势，并与之充分接轨，这样才能使人民币汇率管理技术发挥出更大的作用。

（4）时间效应原理。时间作为物质存在和运动的普遍形式，属于自然范畴。时间的自然属性表现为一维性，即单程连续、永不逆反和永恒性的特点。时间作为包括生产力和生产关系统一运动在内的经济过程和运动的特殊形式，属于经济范畴。时间的经济属性除具有一维性以外，还具有可分配性，即多个主体可在同一自然时间内各自进行特殊形式的运动，或同一主体在连续的自然时间内可依次进行各自的各种活动等。发展和创新人民币汇率管理技术必须遵循时间效应的原理，并树立时间是生产力的观念，时间就是财富的观念，时间是管理对象的观念，时间管理是科学技术的观念等，将时间、信息、预测与决策有机地结合起来，从而准确合理地预测各种汇率变动趋势，使人民币汇率管理技术更好地满足汇率管理的实际需要。

（5）资源最优配置原理。资源最优配置原理是指经济效益、社会效益、政治效益以及环境生态效益的统一。人民币汇率管理技术的研发与创新也要体现资源最优配置的原理。通过合理配置、科学组合以及综合运用等，探索和创新适合现行人民币汇率管理需要的技术，才能为人民币汇率改革的总体目标，即建立健全以市场供求为基础的、有管理的浮动汇率体制，为保持人民币汇率在合理、均衡水平上的基本稳定等提供更多更好的服务。只有对汇率管理中的各种资源进行最优配置，才能解决好人民币汇率管理技术资源的有限性和需求无限性之间的矛盾，使汇率管理技术更好地满足人民币汇率管理的现实需要，从而促进内部经济与外部经济的均衡发展。

2.2　人民币汇率管理技术的内容体系

作为现代金融技术的重要组成部分，人民币汇率管理技术的内容体系具体包括三种形态：知识形态、经验形态和技能形态。其中，知识形态是人民币汇率管理技术的最基本形式。

2.2.1　人民币汇率管理技术的知识形态

从知识层面上看，人民币汇率管理技术主要包括政府或人民银行在管理人民币汇率过程中的各种知识。它是一个复杂的知识体系，具体包括各种理论与模型，如汇率决定理论、均衡汇率理论、汇率制度选择理论以及汇率政策理论等。

2.2.1.1　人民币汇率决定理论

汇率决定理论是西方外汇理论的核心，也一直是学界最为关心的学术领域之一。西方比较有代表性的汇率理论主要有购买力平价说、利率平价说、国际收支说以及资产市场说等。这些理论有的与现实情况接近，有的相去甚远；有的适用于市场经济完善的发达国家，对发展中国家的实际情况解释能力较弱。因此，在运用上述理论来分析我国人民币汇率决定时必须进行一些修正。

汇率在本质上也是一个时间序列的变量，服从随机游走模型，即根据汇率的今天值并不能预测汇率明天的值，汇率明天的值是在今天的值的基础上加上一个随机冲击。在我国，最具影响的汇率决定理论主要有以下四个：

（1）购买力平价理论。购买力平价理论的隐含前提是一价定律，即如果两种商品完全相同，则它们的价格应该完全相同。在充分竞争的市场环境中，如果在同一时间内，同一商品在不同区域有不同的价格，则存在商品套利机会，套利商就会使商品流动，改变不同地区的商品供求关系，最终使相同商品在不同区域有相同的价格。购买力平价理论的内容主要包括，使用同样数量的货币，在任何国家都能买到相同的商品组合。这就意味着在各国商品价格一定的条件下，各国货币的兑换比例应该保证相同数量货币在各国能买到相同的商品组合。购买力平价有两种表达方式，即绝对购买力平价式和相对购买力平价式。

（2）利率平价理论。购买力平价理论假定汇率决定于为了国际贸易而进行的外汇交易，没有把资本性交易对汇率的影响考虑在内。而在现实生活中，资本项目在国际收支中的作用日益重要。因此，仅仅考虑国际贸易而不考虑国际资本流动对汇率的影响，显然是片面的。而且，由于金融资产在产品同质性、运输方便性等方面都大大强于一般商品，因而完全有理由探讨一价定律在金融市场上的应用，这就导致了利率平价理论的出现。利率平价理论主要有两种表述方式，即无抵补利率平价和抵补利率平价。

无抵补利率平价理论的前提假设是：第一，以发达的一体化的国际金融市场为基础，不存在资本项目管制；第二，假定经济个体对风险的态度是中立的，也就是不要求风险报酬。抵补利率平价理论的前提假设是：第一，以发达的一体化的国际金融市场为基础，不存在资本项目管制；第二，以远期外汇合约代替远期外汇即期交易，以消除不确定性。显然，利率平价理论已经注意到了金融运动对汇率决定的影响，相对购买力平价理论来说，这是一个较大的进步。但是，利率平价理论的成立需要一些苛刻的制度条件，而且它没能给出一个具体的金融活动对汇率影响的描述。这就需要从其他的角度来进一步探讨汇率的决定问题。

（3）汇率决定的外汇市场分析法。在浮动汇率制度下，汇率是由外汇市场的供求关系决定的。从外汇市场供求关系的变化来解释汇率决定的理论称为汇率决定的外汇市场模型。由于外汇供求与国际收支有着密切的联系，因此，这种汇率决定理论也称为汇率决定的国际收支模型。汇率决定的国际收支模型的理论渊源可以追溯到 19 世纪。1861年，英国学者葛逊较为完整地阐述了汇率与国际收支的关系。他认为，汇率决定于外汇的供给与需求，而外汇的供求又是由国际借贷所引起的。商品的进出口、债券的买卖、利润与捐赠的收付、旅游支出和资本交易等都会引起国际借贷关系。在国际借贷关系中，只有进入支付阶段的借贷关系，即流动借贷才会影响外汇的供求关系。然而，早期的国际收支说只是一个局部均衡的理论，它并没有详细解释影响国际收支的基础因素，这大大限制了这一理论的生命力。

到 20 世纪 60 年代初期，汇率决定的国际收支理论有了一次重大发展。蒙代尔和弗莱明分别独立提出了描述开放经济条件下宏观经济运行的 M - F 模型，在一般均衡的框架内从国际收支的角度描述了汇率的决定。M - F 模型是在 IS - LM 分析框架内加入国际收支平衡的条件构成的。浮动汇率制度下完整的表达如下：

$$y = C(y) + I(i) + G + B(y,S) \tag{2.1}$$

$$M/P = L(y,i) \tag{2.2}$$

$$B(y,S) + K(i - i^*) = 0 \tag{2.3}$$

式中，国民收入 y、国内利率 i、汇率 S 均为内生变量，政府支出 G、货币供给 M、价格水平 P、国外利率 i^* 均为外生变量。

总之，汇率决定的国际收支分析法强调的是商品和劳务的贸易状况对汇率决定的影响，反映了实体经济占主导地位下的汇率决定机制。

（4）汇率决定的资产市场分析法。20 世纪 70 年代以来，浮动汇率制度下的汇率呈现出与股票等资产市场价格相似的运行特征，如价格的变动极为频繁而且幅度较大，这种现象导致了汇率决定的资产市场分析法的产生，并成为汇率决定理论的主流趋势。这一方法的基本思想是：汇率被看成是一种资产的价格，它是在资产市场上决定的。根据本币资产与外币资产的可替代性的不同，汇率决定的资产市场分析方法可以分为货币分析法和资产组合分析法。其中，货币分析法又可依据价格弹性的不同，分为弹性价格的货币分析法和粘性价格的货币分析法。汇率决定的资产市场分析法强调的是资产市场均衡在汇率决定中的作用，它反映了国际资本流动、国际汇兑及国际信贷活动，即虚拟经济占主导地位下的汇率决定机制。20 世纪 70 年代以来，虚拟经济所占比重逐步增大，并在很大程度上已经独立于实体经济而成为世界经济的主流，而汇率决定的资产市场分析法正好反映了世界经济发展的这一趋势。当然，在分析人民币汇率决定时，需要对汇率决定的资产市场分析法进行适当的修正，它才具有现实的指导意义。

在上述理论的基础上，人民币汇率决定理论的最新进展趋势是正逐步与西方汇率决定理论的最新发展方向接轨，即从外汇投机者预期与行为方式的角度解释汇率的剧烈波动。近年来，西方经济学家试图将股票市场的投机泡沫模型引入外汇投机的分析中，一个核心的观点是：外汇市场上存在暂时的理性泡沫。所谓泡沫，是指资产价格完全随着经济主体期望的上升而上升，而且不断自我强化，从而偏离均衡水平的一种现象。投机泡沫的特点在于只要投机者相信它的存在，就足以使其在实际中变得的确重要。换句话说，只有投机者相信泡沫会持续下去，并且他对泡沫的风险已得到充分的补偿，泡沫就会进一步膨胀。另外，经济学家们还试图从噪声理论①来解释金融市场上价格的过度波动现象，特别是从知识、信息与预期形成的角度来强调理性在汇率不稳定形成中的重要性，并得出如下结论：首先，由于知识与信息的不足，外汇投机者很难形成水平确定并且个体相同的基本汇率趋势，这使得具有稳定功能的回归预期难以形成。其次，外汇投机者由于具有有限理性，当现实世界出现一种容易获得的信息，并且人们的知识结构使其对这种信息的反应一致时，很容易从理性角度使投机资本产生一致的集体投机行动，即所谓的"群羊效应"，从而导致汇率的不稳定。最后，在某些特别情况下，受情绪的相互影响，外汇投机者往往从非理性角度导致一致的集体投机行动，这同样导致对汇率的重大影响。

总之，从现代汇率决定理论未来的发展方向来看，今后的汇率决定理论将更加注重对外汇市场参与者预期的作用，对汇率决定的微观分析（如外汇市场结构、外汇交易商行为等）将成为汇率决定理论的一个重要方向。探索新的汇率决定因素、改进计量经济学方法以及建立新的汇率决定模型等，都将是进一步发展汇率决定理论的一种有益尝试。

2.2.1.2　人民币均衡汇率理论

对于人民币均衡汇率理论的研究主要是借鉴西方均衡汇率理论，然后根据中国的实际情况，通过选择不同的解释变量对原有模型加以改进。西方均衡汇率理论又可分为传统的均衡汇率理论和新兴的均衡汇率

---

① 所谓噪声可以描述为资产价格偏离均衡价值的状态。在噪声交易模型中，投资者被划分为"信息交易者"和"噪音交易者"两类。前者掌握宏观经济指标，主要根据基本经济因素进行交易；后者根据与基本经济因素无关的噪音信息进行交易，此类交易者的行为特征可概括为：误以为掌握了有关风险资产未来价格的有关信息，并对此持有过分主观的看法。他们缺少一种正确的资产组合理论，尽管在信息不完全情况下对未来价格的判断是错误的，但他们从自身创造的风险中获利，从而创造了自己的生存空间。（引自余维彬. 汇率稳定政策研究 ［M］. 北京：中国社会科学出版社，2003：56.）

理论。其中，传统的均衡汇率理论主要包括基于相对购买力平价的均衡汇率理论和基于弹性分析法的均衡汇率理论；新兴的最具影响力的均衡汇率理论[①]主要有以下六个：

（1）宏观经济均衡分析法的均衡汇率理论。该理论最早是由斯旺（Swan，1963）在纳克斯（1945）的研究基础上发展起来的。斯旺将均衡汇率定义为内外均衡同时实现时的实际汇率。这里的内部均衡是指充分就业，外部均衡是指国际收支平衡。作为一种分析方法或工具，它不但给出了均衡汇率实现的条件，还给出了判断内外失衡的性质和原因，并据此采取的相应对策。斯旺通过一个二维空间平面图阐述了这种均衡汇率决定的理论方法。斯旺分别以产出和经常账户代表内部、外部均衡，两条曲线的交点决定了均衡汇率的具体水平；同时划分出四个象限，每个象限对应着一种失衡情况。

（2）基本因素均衡汇率理论（FEER）。该理论最早是由 Williamson 于 1983 年在斯旺的研究基础上提出来的。后来 Wren – Lewis（1992）、Clark 和 Bayoumi（1994）、Isard 和 Faruqee（1998）、Driver（1999）以及 Detken（2002）等人进一步发展了该理论。Williamson 提出的基本因素均衡汇率理论（Fundamental Equilibrium Exchange Rate，FEER）发展了斯旺的均衡汇率理论，主要表现为将资本账户引入到均衡汇率的决定因素之中，并且摆脱了短期周期性因素与暂时性因素，把注意力集中到基本经济因素上，而基本经济因素是指那些可能在中长期持续起作用的经济条件和经济变量。这就弥补了斯旺在分析外币均衡时忽视了资本账户的缺点。FEER 将均衡汇率定义为与宏观经济均衡相一致的实际有效汇率。宏观经济均衡指的是内部均衡与外部均衡的同时实现，其中内部

[①] 姜波克，李怀定. 均衡汇率理论文献评述 [J]. 当代财经，2006（2）：44–48.

均衡指充分就业与低通货膨胀率，外部均衡指可持续性的经常账户余额，反映了潜在的或合意的净资本流动。这一理论下所得出的均衡汇率主要取决于那些决定中长期均衡的变量，而不是取决于那些决定短期均衡的变量。同时，FEER 也首次给出了一个简明、系统的均衡汇率计算表达式，通过对用此表达式计算出来的均衡汇率（FEER）与实际有效汇率（q）进行比较，可以判断出该国实际汇率偏离均衡汇率的失调程度。

（3）行为均衡汇率理论（BEER）。在 FEER 的基础上，Clark 和 MacDonald（1998）发展出一种简约方程理论方法，即行为均衡汇率理论（Behavioral Equilibrium Exchange Rate，BEER）。该理论后经 Clark 和 MacDonald（1999，2000）、MacDonald（1998，2002）、MacDonald 和 Swagel（2000）等人的发展得到了进一步的完善。BEER 将均衡汇率定义为对实际有效汇率与其有关的基本经济变量，通过计量经济学方法建立起行为关系而最终得到的汇率估计值，即与市场预期相一致的实际汇率水平。其中，实际有效汇率（q）可表示为

$$q_t = \beta_1' Z_{1t} + \beta_2' Z_{2t} + \tau' T_1 + \varepsilon_t$$

式中，Z_1、Z_2、T 分别表示具有长期、中期以及短期暂时性影响的基本变量向量；β_1'、β_2'、τ' 分别表示简约参数向量；ε_t 表示随机干扰项。BEER 不仅能够定义现时均衡汇率和实际中无法观测到的均衡汇率（长期均衡汇率），而且还能够用来衡量现时汇率失调与汇率总失调。其中，现时汇率失调是由短期的暂时性因素和随机干扰因素决定的；汇率总失调可分解为三个部分，分别由短期暂时性因素、随机干扰性因素以及基本经济因素偏离其可持续或合意水平程度来决定。这有利于区分汇率失调的性质以及采取的政策，因而更具有可操作性。BEER 将存量因素引入均衡汇率的决定因素之中，弥补了 FEER 忽视存量因素的缺陷。

(4) 国际收支均衡汇率理论 (BPEER)。国际收支均衡汇率理论 (Balance of Payments Equilibrium Exchange Rate, BPEER) 是由 Mischal Rubaszek 于 2004 年在研究波兰汇率失调情况时提出的, 它也是一种均衡汇率行为决定方法。它将均衡汇率定义为与经常账户均衡相一致的实际汇率水平。BPEER 的出发点是国际收支恒等式, 即经常账户余额、资本账户余额以及外汇储备变化额之和为零。BPEER 把经常账户余额定义为净贸易余额和净国外资产的利息收入之和, 并且净贸易余额取决于本国实际汇率与国外需求。BPEER 确定资本账户余额影响的变量因素是根据 Femandea – Aria 和 Montiel (1996) 提出的拉进—推动理论 (Pull – Push)。具体地说, 外国资本的流入主要是受到推动资本流出外国市场的因素 (推动因素, Push Factor) 和吸引资本流入本国市场的因素 (拉进因素, Pull Factors) 的影响。尽管有许多因素决定资本流动, 但 BPEER 假定扣除外汇储备存量变化之后的资本账户余额仅取决于实际利率差额。在此基础上, 最终得出 BPEER 的表达式:

$$BPEER = F(Y, Y^*, nfa, r - r^*)$$

式中, Y、Y^*、nfa 与 $r - r^*$ 分别表示国内及国外需求、净国外资产以及实际利率差。

(5) 自然均衡汇率理论模型 (NRER)。自然均衡汇率理论模型 (Natural Real Exchange Rate, NRER) 是 Stein[1] 于 1994 年为回答美元汇率失调以及美国经常账户赤字原因而系统性提出的均衡汇率理论研究框架。之后, Stein 本人及其门徒对该理论作了进一步的发展。NRER 将均衡汇率定义为在不考虑周期性因素、投资性资本流动和国际储备变动

---

[1] STEIN, J..1994, The Natural Real Exchange Rate of the Dollar and Determinants of Capital Flows. In John Williamson, Ed. , Estimating Equilibrium Exchange Rates, 61 –91, Washington, DC: Institute for International Economics.

（外汇市场干预）的情况下，由实际基本经济因素决定的能够使国际收支均衡的中期实际汇率。NRER 的均衡汇率是一种移动均衡概念，它会随着各种内生、外生基本经济因素的持续变动而变动。NRER 中的基本经济因素包括国内的节俭程度、劳动生产率、资本密集程度以及国外的净负债等。NRER 的核心是国民收入账户恒等式：

$$I - S + CA = 0$$

式中，I、S、CA 分别代表合意的投资、储蓄与经常账户余额，它们都是在经济处于潜在产出水平且对通货膨胀预期正确的状态下取值。相对于 FEER 而言，首先，NRER 是一个实证均衡汇率概念，而前者是一个规范均衡汇率概念。这是因为 NRER 是由实际基本经济因素和当前的经济政策变量决定，但并没有要求这些经济政策是社会最优的或福利最大化的。其次，FEER 是一种均衡汇率的测算理论，而 NRER 是一种均衡汇率的决定理论，并且是一般均衡理论。因此，NRER 不像 FEER 那样无法给出均衡汇率的动态调整过程，相反，NRER 可以给出均衡汇率中长期的调整过程。

（6）均衡实际汇率理论（ERER）。均衡实际汇率理论（Equilibrium Real Exchange Rate，ERER）最早是由 Edwards 于 1989 年提出的，后经 Elbadawi（1994）、Baffes（1997）等人对该理论的修正与扩展，使之逐步得到完善。ERER 将均衡汇率定义为，给定其他变量（如税收、国际贸易条件、资本流动和技术等）的可持续或均衡值，使得内外部均衡同时实现的贸易品对非贸易品的相对价格。内部均衡是指非贸易品市场在当期出清，并且在未来期间处于均衡状态。因此，ERER 隐含着内部均衡是在失业率等于自然失业率情况下发生的。外部均衡是指一国的经常账户必须满足跨期预算约束，即经常账户的贴现值为零。换句话说，外部均衡是指经常账户余额应当与长期可持续的资本流动相一致。

ERER 与其他均衡汇率决定理论不同，主要表现在两个方面：①ERER 主要是针对发展中国家现实状况提出来的均衡汇率决定理论，ERER 中的实际汇率被定义为贸易品对非贸易品的相对价格，而不是通常意义上所说的经过名义汇率调整之后的物价之比所决定的实际有效汇率。②ERER根据发展中国家的现实状况，首次系统地考虑了诸如平行汇率、贸易限制、交易管制以及资本流动等政策性变量影响均衡汇率的动态调节机制。可以说，ERER 比较充分地考虑了发展中国家转型经济的特点，因而比较适用于发展中国家均衡汇率的测度和现实汇率失调程度的评价。

在我国，最早对人民币均衡汇率进行量化研究的学者是陈彪如（1992）先生，他从微观经济学中的利润、成本函数出发，算出利润最大化条件下的本国和外国的物价方程，然后根据相对购买力平价理论得到均衡汇率的方程，并用此方法测算了 1981—1990 年的人民币均衡汇率。陈彪如先生的量化研究对于后来学者的相关研究产生了重大意义。近年来，国内学者易纲（1997）、陈学彬（1999）、张晓朴（2000）、林伯强（2002）、张斌（2003）、刘阳（2006）以及王泽填（2008）等试图通过运用不同的变量来解释人民币实际汇率的变化，测算人民币均衡汇率，并且也取得了一定的成绩，但可以看出，所运用的理论框架并没有超出上述几种均衡汇率理论的范围。在当前人民币汇率具有升值压力的形势下，探索适合我国现实国情的均衡汇率理论具有特别重要的意义。

2.2.1.3 人民币汇率制度选择理论

汇率制度的选择一直是国际金融领域中争论较多的一个重要问题。早期的汇率制度选择理论主要是伴随着国际收支调节理论之间的争论而发展起来的。当时，由于实行贵金属本位制，货币本身具有价值，汇兑平价具有内生的稳定性，因而汇率制度自然是一个内生的固定汇率制度，这期间汇率制度的选择问题并不为世人所关注。第一次世界大战后，由于各国实行黄金和外汇管制，国际金本位固定汇率制度彻底崩溃，国际货币制度和汇率制度进入全面动荡时期，这样，汇率制度的变迁与选择也就在所难免。相应地，关于汇率制度选择问题的研究就成为人们关注的焦点。

汇率制度选择理论的真正发展，开始于布雷顿森林体系的运行过程之中，而其早期的焦点主要集中在固定汇率制度与浮动汇率制度优势与缺陷的比较。在布雷顿森林体系建立之初，人们相信，布雷顿森林体系所建立的有管理的钉住汇率制度将会带来固定汇率制度的众多优点；同时，在危机时允许一国脱离平价水平应对危机的约定也为世界各国提供了必要的应急手段。然而，随着各国国际收支失衡问题的出现以及一系列货币危机的爆发，浮动汇率制度的呼声逐渐增强。浮动汇率制度的支持者更加强调浮动汇率制度所能带来的货币政策的自主性，在假定一国政府的货币政策是理性的前提下，浮动汇率制度能够更为有效地应对实际冲击对国内经济的影响。蒙代尔—弗莱明（Mundell – Fleming）模型成为汇率制度选择的重要依据。根据蒙代尔—弗莱明的理论，汇率制度的选择应该根据一国在实际运行中所遇到的冲击类型的不同而加以区别。当一国面对的主要是贸易条件改变或进出口需求的变动所带来的实际冲击时，浮动汇率制度的调节作用较为有效；而当一国面对的主要是货币供求所带来的冲击时，固定汇率制度则优于浮动汇率制度。蒙代尔对汇率制度选择理论的另一重要贡献是其"三元悖论"，即一国只能在货币政策的独立性、资本自由流动和稳定的汇率制度三者之间最多选择两种，而不能同时达到这三项目的。"三元悖论"很好地对现实中的汇率制度演进进行了解释，也为未来汇率制度选择理论的发展奠定了坚实基础。自 20 世纪 50 年代以来，关于汇率制度选择的研究观点主要可归纳为 12 类①：（1）从成本—收益角度来研究汇率制度的选择；（2）从经济结构特征角度来研究汇率制度的选择；（3）从经济冲击干扰源角度来研究汇率制度的选择；（4）从经济政策协调角度来研究汇率制度的选择；（5）从应对投机压力和汇率失调双重角度来研究汇率制度的选择；（6）从统一货币角度试图消除汇率制度的选择；（7）从价格确定角度来研究汇率制度的选择；（8）从噪声交易角度来研究汇率制度的选择；（9）从经济基本面特别是金融脆弱性角度来研究货币危机与汇率制度的选择；（10）从资本流动和金融恐慌角度来研究货币危机和汇率制度的选择；（11）从政府信誉和公众预期角度来研究货币危机与汇率制度的选择；（12）从博弈论角度来研究货币危机与汇率制度的选择。另外，我国学者易纲（2000）从权衡效率与稳定的角度研究了汇率制度的选择问题，李琍（2000）从防范国家金融风险的角度研究了汇率制度的选择问题。

20 世纪 90 年代以来，墨西哥（1994—1995 年）、东亚地区（1997 年）、俄罗斯（1998 年）、厄瓜多尔（1999 年）、土耳其（2000—2001 年）等新兴市场经济国家和地区相继发生了一系列货币金融危机。在对这些国家危机成因的研究中，汇率制度选择理论再次成为学界争论的焦点，由此产生了针对新兴市场经济国家的汇率制度选择理论。② 根据新兴市场经济国家财政货币金融体系不健全、货币替代现象较为明显、政府政策公信力水平较低的特点，Eichengreen 和 Calvo、Reinhart 先后提出了新兴市场经济国家汇率制度选择的"原罪论"与"害怕浮动

---

① 沈国兵. 汇率制度的选择——兼论对人民币汇率制度的启示 [M]. 北京：经济科学出版社，2003：51-62.

② 刘阳. 均衡汇率与人民币汇率机制改革 [M]. 成都：西南财经大学出版社，2006：185.

论"。另外，Eichengreen（1994）、Obstfeld 和 Rogoff（1995）提出了
"中间制度消失论"。以上三种理论都是从新兴市场经济国家发展的现
状出发，根据现阶段这些国家的制度特点与存在的问题，提出的最优汇
率制度选择建议。当然，随着新兴市场经济国家的发展，这些特点与问
题也会出现变化，因此，对于这些国家的汇率制度选择问题，应该是一
个动态的转换过程。从长期来看，影响汇率制度选择的决定性因素是汇
率制度与经济政策之间的协调；从中期来看，影响汇率制度选择的决定
性因素主要有利率市场化程度、一国经济金融的开放程度、经济规模的
大小、通货膨胀率大小、贸易集中度、国内货币供应量大小以及政府的
汇率政策偏好等；从短期来看，影响汇率制度选择的决定性因素主要有
本币国际借贷能力、经济基本面特别是金融脆弱性、资本流动冲击、政
府信誉、投资者心理预期以及金融恐慌等。

　　对于新兴市场经济国家来说，虽然从根本上防止一国宏观经济发生
金融危机的汇率制度是不存在的，但是与一国经济制度特征相适应的最
优的汇率制度是存在的。因而，不顾自身的制度特征，盲目崇信标准汇
率选择理论，试图寻求某种所谓的最优汇率制度的做法是不可取的。当
然，除了上述因素外，新兴市场国家在选择汇率制度时，还应该考虑汇
率制度选择对一国经济制度的反作用。一国汇率制度的选择不仅是对现
存制度条件的一种反应，而且有利于形成一个良好的制度安排。此外，
汇率制度的选择有助于一国货币制度的改进，有助于货币当局建立一种
公信度等。

2.2.1.4　人民币汇率干预理论

　　汇率干预理论主要包括为什么对汇率进行干预，如何干预，什么时
候干预以及在多长时间内干预等。大量的研究文献说明了官方汇率干预
具有重要的政策意义。20 世纪初期，在布雷顿森林体系下的可调整的

钉住汇率制度下，人们倾向于完全的浮动和零干预；然而，随着布雷顿森林体系崩溃后汇率浮动的增强和随之而来的名义汇率和真实汇率两者的波动，人们改变了对汇率零干预的看法，转而认同了对汇率干预是非常有效的观点。官方的汇率干预对引导一个"更恰当的汇率"是个有用的工具，它使汇率向着官方认为是正确的汇率方向移动①。一般来说，外汇市场的无效性和不稳定的投机给中央银行提供了干预的机会，而这种干预从纠正"错误汇率"和逆风向干预取得盈利来看是有效的[当然，这里有一个暗含的假定，即官方干预总是稳定的，而且政府比投机者更加有效地使用信息（弗里德曼，1953）]。另外一个支持汇率干预的观点是：市场主体所能得到的并使用的一些信息，与官方信息系统相比较，可能是不准确的或被误导的。中央银行信息系统的优越性在于：当局至少知道更多的能够影响汇率的未来政策动向，而且中央银行也因此能够完全预测这些行动的效果。在这种意义上，汇率干预可被视为当局实行一系列行动的许诺，即用说服私人机构相信当局的干预将支持和实现当局宣布的宏观经济目标的方法，官方干预增加了当局的信誉。② 因此，汇率干预可以使货币当局熨平汇率向它们的长期均衡值的调整，并允许货币当局在最小调整成本函数的基础上决定最佳的调整速度。

如何对汇率进行干预？目前，学界对于官方（中央银行）外汇干预方式的划分存在很多争议，但占主导地位的是以干预是否影响国内基础货币的供给为标准，将官方（中央银行）对汇率的干预划分为冲销干预

---

① 露西沃·萨诺，马克，P. 泰勒. 汇率经济学 [M]. 何泽荣，译. 成都：西南财经大学出版社，2006：225.

② 露西沃·萨诺，马克，P. 泰勒. 汇率经济学 [M]. 何泽荣，译. 成都：西南财经大学出版社，2006：226.

（Sterilized Intervention）和非冲销干预（Non-sterilized Intervention）两种。其中，冲销干预是指，官方同时或者在很短的时滞内采取行动抵消或冲销官方持有的国外资产的变化对国内基础货币的影响；非冲销干预是指，当局通过本国基础货币投放的扩张和收缩来实现，而不采取抵消行动。很明显，非冲销干预直接影响到本国货币供应，一般来说，非冲销干预能够影响汇率，同样也通过引导基础货币存量的变化影响货币政策，而基础货币的变化则导致广义货币总量、利率和市场预期的改变，最终引起汇率的变化。总之，对冲销干预与非冲销干预的划分是以干预是否影响本国基础货币的投放为标准的。如果干预后本国的基础货币发生了变动，那么这种干预就非冲销干预，如果本国基础货币没有发生变动，那么这种干预就是冲销干预。

一般而言，中央银行的外汇干预方式，要受制于该国的宏观金融环境，例如，对汇率制度的选择、货币市场的完善、外汇市场的成熟程度以及资产的可替代程度等。在不同的金融环境下，不同的干预方式其作用机制不一样，结果也不一样。具体到某个特定的国家，在选择干预方式时，需要对特定环境下不同干预方式作用机制进行分析。从模型建立的基础来看，外汇干预模型大体上可以分为流量模型、资产市场模型、资产组合平衡模型以及汇率目标管理模型等。

其中，外汇干预的流量模型认为，汇率是资本流量均衡的结果，而并非由资产存量所决定。它主要包括蒙代尔—弗莱明模型和布莱克的冲销干预模型两种。资产市场模型认为，随着国际金融市场交易量的迅速增长，加上短期国际资本流动的不断增强，各国资本项目余额大大超过了经常项目余额，汇率开始逐渐地被当作一项资产的价格来看待，即汇率实际上被看作一国货币以另一国货币表示的价格。因此，汇率不只是取决于由实际交易引起的外币的供给和需求，而且应当从货币、债券等各个市场进行总体考虑。这一模型具体包括弹性价格模型和粘性价格模型等。资产组合平衡模型认为，国内资产与国外资产是不可替代的，汇率是金融市场波动的产物，汇率变动的原因在于各金融资产的供求变化情况，因此，外汇的干预主要是通过资产组合平衡渠道来起作用的。这一模型具体包括标准的资产组合平衡模型和非冲销干预的资产组合平衡模型。汇率目标区管理模型的基本指导思想是，用在世界贸易中占最大比重的工业国家的货币来建立一个汇率目标区，在这个区内有一个中心汇率，并在中心汇率附近确定一个汇率波动的范围，实际汇率对中心汇率的偏离程度被确定下来，有关国家则通过干预力求使汇率的波动不超过这一区域。它充分体现了货币稳定目标与汇率稳定目标之间的权衡关系。这一模型具体包括克鲁格曼的基本的汇率目标区模型①和扩展的汇率目标区模型。

2.2.1.5　人民币汇率政策理论

一个国家在经济发展过程中选择什么样的汇率政策，与一国的经济发展战略有着密切的联系。发展中国家的经济发展战略一般有两种类型，即进口替代战略和出口导向战略。所谓进口替代战略是指发展中国家采取保护措施，发展国内制造业，用本国生产的工业制成品去替代同类进口商品的一种策略。其目的是减少本国在工业制成品方面对国外市场的依赖，保护本国市场。发展中国家在实行进口替代战略时，一般都采取使本国汇率高估（国内货币升值）的政策。因为本国货币高估，可以使那些必须进口的商品价格相对便宜，有利于进口替代工业的发展。同时，由于发展中国家一般都是进口大于出口，所以实行汇率高估

---

① 基本的汇率目标区模型理论是由克鲁格曼（P. Krugman）于 1991 年在《经济学季刊》（*Quarterly Journal of Economics*）上发表的《目标区与汇率动态》一文中正式提出的。

政策，还可以用进口所获得的额外收入来补贴出口方面因汇率高估所造成的损失。但是，汇率高估也使一些非必要的进口制成品（如日用消费品）价格相对便宜，导致进口过大，不利于贸易差额的平衡。在这种情况下，发展中国家在汇率高估的同时，对消费品进口实行高关税、规定配额、发放进口许可证等方法进行限制，以维持国际收支平衡。而出口导向战略是指发展中国家采取鼓励办法发展国内制造业，使国内工业生产面向世界市场，用制成品的出口去代替传统的初级产品出口的一种战略，其目的是通过积极引进外国资本和技术来扩大出口，积累资金，带动整个工业和经济的增长，并缓和国际收支的压力。绝大多数发展中国家在实行出口导向战略时，一般都采取使本国货币贬值的政策。通过本国货币贬值来维护出口竞争力，同时大量引进外资，适当降低关税壁垒，推行贸易自由化，促进国内生产者参与竞争并按照世界通用标准进行有效生产。从实践来看，实施进口替代战略的国家，一般经济发展较慢，经济结构不合理，而实施出口导向战略的发展中国家，储蓄率和投资率较高，资源的使用效率也较高，因而经济发展较快，产业结构也比较合理。基于这样的事实，国际货币基金组织和世界银行长期以来一直向发展中国家推荐出口导向这种外向型的对外经济发展战略。

改革开放以来，我国经济逐步转向出口导向发展战略，根据我国出口导向发展战略的要求，我国汇率政策的目标应该是有利于经济稳定和经济增长，维持一个与经济增长相适应的汇率水平，通过人民币适度贬值来维持对外出口的竞争力，使出口企业能够得到合理的利润，并刺激他们不断寻找新的市场，开发新产品。当然，随着人民币国际化进程的不断深入，特别是随着我国转变经济增长方式步伐的日益加快，一味地采取人民币贬值的策略并非是可行的和有益的。

2.2.2 人民币汇率管理技术的经验形态

从经验层面上看，人民币汇率管理技术主要包括人民银行在管理人民币汇率过程中的各种管理经验，具体包括处理和应对国内经济形势突变、涉外重大经济事件发生以及全球性金融危机爆发等的办法、措施、对策以及策略等。

这一形态的汇率管理技术主要表现在货币当局能够适时地推出和实施几次重大的汇率改革之中，特别是在处置几次重大的国际金融事件所采取的具体行动之中。例如，货币当局在人民币汇率问题上始终坚持独立自主、高度负责的态度，坚持从我国的根本利益和经济社会发展的现实出发，选择适合我国国情的汇率制度和汇率政策。1979 年改革开放以来，人民币汇率制度经历了由单一固定汇率到官方汇率与市场汇率并存的双轨汇率制度，再到有管理的浮动汇率制度的演变。1994 年汇率并轨以后，我国实行以市场供求为基础的、有管理的浮动汇率制度。企业和个人按规定向银行买卖外汇，银行进入银行间外汇市场进行交易，形成市场汇率，并通过适当的管理，保持人民币汇率稳定。实践证明，这一汇率制度符合中国国情，为中国经济的持续快速发展，为维护地区乃至世界经济金融的稳定作出了积极贡献。1997 年以前，人民币汇率稳中有升，海内外对人民币的信心不断增强。但此后由于亚洲金融危机爆发，为防止亚洲周边国家和地区货币轮番贬值使危机深化，中国作为一个负责任的大国，主动收窄了人民币汇率浮动区间，并承诺人民币不贬值。事实证明，这一做法在很大程度上阻止了金融危机的纵深发展，对于稳定亚洲经济和尽快走出危机阴影起到了非常重要的作用。这不仅提高了中国在处理国际事务中的地位，而且赢得了国际社会的普遍赞誉。随着亚洲金融危机的影响逐步减弱，近年来，我国经济持续平稳较快发展，经济体制改革不断深化，金融领域改革取得了新的进展，外汇管制进一步放宽，外汇市场建设的深度和广度不断拓展，为完善人民币汇率形成机制创造了条件。

又如，2005 年 7 月 21 日，中国人民银行发布公告：经国务院批准，我国开始实行以市场供求为基础、参考一篮子货币进行调节、有管理的浮动汇率制度。这一新的人民币汇率形成机制改革的消息，不仅震动了世界，而且得到了国际舆论的普遍赞赏。它是党中央、国务院审时度势，抓住有利时机，果断作出决策的结果，充分彰显了中国政府驾驭宏观经济政策的能力。这次人民币汇率调整，政府充分考虑了国内国际的实际情况，是负责任的态度和做法，不仅有利于中国宏观经济的稳定和发展，也有利于周边国家以及世界经济的成长。今后，人民币汇率改革将继续提高汇率形成的市场化程度，进一步发挥市场供求在人民币汇率形成中的基础性作用，完善有管理的浮动汇率制度，增强人民币汇率弹性，保持人民币汇率在合理均衡水平上的基本稳定。

再如，2008 年 9 月 15 日，拥有 158 年历史的美国第四大投资银行雷曼兄弟（Lehman Brothers）宣告破产。这宗美国有史以来最大的破产案，随即在全球发酵，一场源自美国的次贷危机迅速演变成全球性金融危机，并向全球扩展和蔓延，世界经济形势迅速处于严峻的困难境地。为应对全球性金融危机，人民币名义汇率进入了相对稳定的状态，人民币对美元汇率的日间波动幅度明显收窄，这些都是基于对国际外汇市场上主要货币汇率动荡不定的考虑。随着全球性金融危机的蔓延与深化，更加需要加强对人民币汇率波动的日常监测与管理，从而使国民经济尽早走出金融危机的阴影。

2.2.3 人民币汇率管理技术的技能形态

从技能层面上看，人民币汇率管理技术具体包括一系列的政策法规、管理规则、调控手段、干预方式、信息发布以及有关资料数据的处理管理等。

人民币汇率管理技术的技能形态包括许多内容，这里仅就自 2005年 7 月 21 日新的人民币汇率制度改革以来，中国人民银行和国家外汇管理局先后出台的重要政策法规作一简单的总结。

2005 年 7 月 21 日，经国务院批准，发布《关于完善人民币汇率形成机制改革的公告》（中国人民银行公告〔2005〕第 16 号）。一是自 2005 年 7 月 21 日起，我国开始实行以市场供求为基础、参考一篮子货币进行调节、有管理的浮动汇率制度。人民币汇率不再盯住单一美元。二是中国人民银行于每个工作日闭市后公布当日银行间外汇市场美元等交易货币对人民币汇率的收盘价，作为下一个工作日该货币对人民币交易的中间价格。三是 2005 年 7 月 21 日 19：00 时，美元对人民币交易价格调整为 1 美元兑 8.1100 元人民币，作为次日银行间外汇市场上外汇指定银行之间交易的中间价。四是每日银行间外汇市场美元对人民币的交易价仍在人民银行公布的美元交易中间价上下千分之三的幅度内浮动，非美元货币对人民币的交易价在人民银行公布的该货币交易中间价上下一定幅度内浮动。

2005 年 7 月 22 日，中国人民银行宣布，将于每个工作日闭市后在中国人民银行网站发布《人民币汇率交易收盘价公告》，公布当日银行间外汇市场美元等交易货币对人民币汇率的收盘价。

2005 年 7 月 26 日，中国人民银行对人民币汇率改革有关问题发表声明。中国人民银行郑重发表声明：一是人民币汇率初始调整水平升值

2%，是指在人民币汇率形成机制改革的初始时刻就作一调整，调整水平为 2%。并不是指人民币汇率第一步调整 2%，事后还会有进一步的调整。二是人民币汇率水平升值 2% 是根据汇率合理均衡水平测算出来的。这一调整幅度主要是从我国贸易顺差程度和结构调整的需要来确定的，同时也考虑了国内企业的承受能力和结构调整的适应能力。这个幅度基本上趋近于实现商品和服务项目大体平衡。三是渐进性是人民币汇率形成机制改革的一个重要原则。渐进性是指人民币汇率形成机制改革的渐进性，而不是指人民币汇率水平调整的渐进性。人民币汇率制度改革重在人民币汇率形成机制的改革，而非人民币汇率水平在数量上的增减。

2005 年 8 月 2 日，出台了《中国人民银行关于扩大外汇指定银行对客户远期结售汇业务和开办人民币与外币掉期业务有关问题的通知》，其内容主要包括"外汇指定银行（以下简称银行）办理远期结售汇业务应符合的条件"，"外汇局对银行办理远期结售汇业务实行备案管理"，"银行申请办理远期结售汇业务应提交的备案资料"以及"银行办理远期结售汇业务应遵守的规定"等。

2005 年 8 月 8 日，出台了《中国人民银行关于加快发展外汇市场有关问题的通知》，其主要内容包括扩大即期外汇市场交易主体、增加外汇市场询价交易方式以及开办银行间远期外汇交易等。

2005 年 8 月 22 日，出台了《国家外汇管理局关于调整银行结售汇头寸管理办法的通知》，其主要内容包括调整结售汇周转头寸管理办法，实行结售汇综合头寸管理等。

2005 年 9 月 23 日，出台了《中国人民银行关于进一步改善银行间外汇市场交易汇价和外汇指定银行挂牌汇价管理的通知》，其主要内容包括"每日银行间即期外汇市场非美元货币对人民币的交易价在中国人民银行公布的该货币当日交易中间价上下3%的幅度内浮动""外汇指定银行对客户挂牌的美元对人民币现汇卖出价与买入价之差不得超过中国人民银行公布的美元交易中间价（上一日银行间市场美元收盘价，下同）的1%（［现汇卖出价－现汇买入价］/美元交易中间价×100%≤1%），现钞卖出价与买入价之差不得超过美元交易中间价的4%（［现钞卖出价－现钞买入价］/美元交易中间价×100%≤4%）。在上述规定的价差幅度范围内，外汇指定银行可自行调整当日美元现汇和现钞买卖价"等。

2005年10月12日，出台了《国家外汇管理局关于印发〈外汇指定银行对客户远期结售汇业务和人民币与外币掉期业务备案操作指引〉的通知》。

2005年11月21日，出台了《国家外汇管理局关于加强外汇牌价和结售汇头寸统计监测工作的通知》。

2005年11月24日，出台了《国家外汇管理局关于在银行间外汇市场推出即期询价交易有关问题的通知》，其主要内容包括"在银行间外汇市场询价交易系统上进行双边询价外汇交易"和"银行间外汇市场人民币外汇即期交易规则"等。

2006年1月3日，出台了《中国人民银行关于进一步完善银行间即期外汇市场的公告》，其主要内容包括"自2006年1月4日起，在银行间即期外汇市场上引入询价交易方式（以下简称OTC方式），同时保留撮合方式。银行间外汇市场交易主体既可选择以集中授信、集中竞价的方式交易，也可选择以双边授信、双边清算的方式进行询价交易。同时在银行间外汇市场引入做市商制度，为市场提供流动性""自2006年1月4日起，中国人民银行授权中国外汇交易中心于每个工作日上午9时15分对外公布当日人民币对美元、欧元、日元和港币汇率中间价，作为当日银行间即期外汇市场（含 OTC 方式和撮合方式）以及银行柜台交易汇率的中间价"等。

2006 年 6 月 2 日，出台了《国家外汇管理局关于调整银行结售汇综合头寸管理的通知》，其主要内容包括"自 2006 年 7 月 1 日起，国家外汇管理局对外汇指定银行的结售汇综合头寸按照权责发生制原则进行管理"等。

2006 年 6 月 6 日，出台了《国家外汇管理局关于调整部分境外投资外汇管理政策的通知》，其主要内容包括"境内投资者到境外投资所需外汇，可使用自有外汇、人民币购汇及国内外汇贷款。自 2006 年 7 月 1 日起，国家外汇管理局不再对各分局（外汇管理部）核定境外投资购汇额度。境内投资者的境外投资项目经有关主管部门核准后，按照现行外汇管理有关规定办理外汇资金购付汇核准手续"等。

2006 年 9 月 29 日，出台了《国家外汇管理局关于统一银行间外汇市场即期竞价交易和即期询价交易时间的通知》，其主要内容包括"自 2006 年 10 月 9 日起，银行间外汇市场即期竞价交易收市时间由原来的 15：30 调整为 17：30，与即期询价交易的收市时间保持一致"等。

2006 年 10 月 20 日，出台了《国家外汇管理局关于外汇指定银行对客户远期结售汇业务和人民币与外币掉期业务有关外汇管理问题的通知》，其主要内容包括远期结售汇业务、掉期业务的内容及其统计管理等。

2007 年 4 月 25 日，出台了《国家外汇管理局关于调整银行即期结售汇业务市场准入和退出管理方式的通知》，其主要内容包括银行申请经营结售汇业务应具备的条件、实行核准制准入管理的银行申请经营结售汇业务应提交的文件和资料等。

2007 年 8 月 17 日，出台了《中国人民银行关于在银行间外汇市场开办人民币外汇货币掉期业务有关问题的通知》，其主要内容包括"现阶段在银行间外汇市场开办人民币兑美元、欧元、日元、港币、英镑五个货币对的货币掉期交易""具备银行间远期外汇市场会员资格的境内机构可以在银行间外汇市场开展人民币外汇货币掉期业务"等。

2008 年 8 月 5 日，国务院颁布新修订的《中华人民共和国外汇管理条例》，自公布之日起实施。

2008 年 10 月 21 日，出台了《国家外汇管理局关于进一步规范银行结售汇统计管理有关问题的通知》，其主要内容包括"银行统计结售汇业务数据，将非美元货币折算为美元时，应使用实时交易汇率""银行应加强结售汇综合头寸的内部管理，定期与会计科目核对，避免发生异常差异"等。

2009 年 6 月 9 日，出台了《国家外汇管理局关于境内企业境外放款外汇管理有关问题的通知》，其主要内容包括"境内企业从事境外放款，应遵守本通知及其他外汇管理有关规定，接受外汇局的管理、监督和检查""境外放款实行余额管理，境内企业在外汇局核准的境外放款额度内，可一次或者分次向境外汇出资金"等。

2009 年 7 月 13 日，出台了《国家外汇管理局关于境外机构境内外汇账户管理有关问题的通知》，其主要内容包括"境外机构和境内银行应当按照本通知规定，开立、使用外汇账户，办理外汇收支业务，并遵守国家有关法律、法规等规定""境内银行为境外机构开立外汇账户，应当审核境外机构在境外合法注册成立的证明文件等开户资料"等。

2010 年 6 月 19 日，人民银行新闻发言人表示，进一步推进人民币汇率形成机制改革，增强人民币汇率弹性。人民币汇率不进行一次性重估调整，重在坚持以市场供求为基础，参考一篮子货币进行调节。2008

年中期至 2010 年 6 月，人民币自 2005 年汇改以来已经升值了 19%，但受到 2008 年美国金融危机的影响，人民币停止了升值走势；同时，在危机爆发后，人民币开始紧盯美元。

2012 年 4 月 14 日，人民银行决定自 2012 年 4 月 16 日起，银行间即期外汇人民币兑美元交易价浮动幅度，由 0.5% 扩大至 1%，为 5 年来首次。这是自 2007 年人民币兑美元汇率单日波动幅度由 3‰ 扩大至 5‰ 以来的再度扩大。有专家认为，人民币兑美元汇率波动区间扩大，标志着人民币汇率弹性进一步增强，市场力量在决定人民币汇率方面发挥更大作用，对进一步完善人民币汇率形成机制改革、实现经济平稳健康发展具有重要意义。汇率弹性增强是汇率市场化改革的重要环节，有利于市场机制在汇率决定中发挥基础性作用。

2014 年 3 月 17 日，中国人民银行决定，自 2014 年 3 月 17 日起，银行间即期外汇市场人民币兑美元交易价浮动幅度由 1% 扩大至 2%。人民银行同时表示，将继续完善人民币汇率市场化形成机制，进一步发挥市场在人民币汇率形成中的作用，增强人民币汇率双向浮动弹性，保持人民币汇率在合理、均衡水平上的基本稳定。和之前汇率只能在 1% 的狭窄区间内波动相比，市场对价格的影响力明显上升。作为价格制定者的人民银行退出常态化干预，市场和人民银行共同来决定汇率价格。现在人民银行的角色更像是市场的监督者，起到维护市场秩序、确保市场稳定运行的作用。市场判断，随着浮动区间的扩大，将增加跨境套利的成本。未来部分国际热钱可能会离开中国市场转向其他国家。遏制投机行为应该是人民银行此举的重要目的之一。

2014 年 7 月 1 日，为进一步完善人民币汇率市场化形成机制，中国人民银行发布《关于银行间外汇市场交易汇价和银行挂牌汇价管理有关事项的通知》（银发〔2014〕188 号），取消银行对客户各币种挂牌买卖价差管理。

2015 年 5 月 27 日，中国人民银行发布的 2014 年年报称，2015 年将继续加快推进利率市场化改革，完善人民币汇率市场化形成机制，稳步推进资本项目可兑换。继续深化金融企业改革，完善现代金融企业制度。为适应经济新常态，货币政策操作的新框架正在形成，其核心是有效性和独立性，不再依赖外汇占款进行货币的被动投放。理论上讲，货币政策有效性与汇率浮动之间具有替代关系。因此，汇率市场化可看作是提升货币政策有效性的重要手段。与此同时，人民币汇率的单边运行也是人民银行不愿意看到的。单边升值会带来投机和套利，而一味贬值可能导致引起贸易摩擦和资本流出，对正在转型升级的中国经济发展产生不利影响。人民银行的目标是均衡汇率，在"有管理的浮动汇率制"的总体框架下，人民银行会在关键时刻干预市场，防范外汇市场失控，避免人民币汇率的超常波动和超调，维持汇率双向波动。

2015 年 8 月 11 日，人民银行决定：做市商在每日银行间外汇市场开盘前向中国外汇交易中心提供的报价应主要参考上日银行间外汇市场的收盘汇率，并结合上日国际主要货币汇率变化以及外汇供求情况进行微调。

2015 年 9 月 30 日，发布中国人民银行公告〔2015〕第 31 号，开放境外央行（货币当局）和其他官方储备管理机构、国际金融组织、主权财富基金依法合规参与中国银行间外汇市场。[①]

显然，从上述一系列的汇率管理政策的出台背景和实施情况中可以看出，货币当局对人民币汇率的管理技术是日趋成熟和完善的。

---

① 以上货币政策内容均来源于中国人民银行官方网站。

2.3　人民币汇率管理技术的功能与作用

2.3.1　人民币汇率管理技术的基本功能

人民币汇率管理技术的基本功能主要有：规范汇率运行、干预汇率波动、引导汇率预期、稳定市场汇率、反映汇率信息和优化配置外汇资源等。

（1）规范汇率运行。从本质上看，汇率是用一国货币来表示另一国货币的价格。随着人民币汇率形成机制市场化程度的不断提高，人民币汇率自身的运行和变化更多地决定于市场中的供求关系。但是，汇率作为一种特殊金融资产的价格，其变化的结果会通过外部经济的均衡状况影响到内部经济的均衡状况，从而对一国的内外经济都产生重要影响。在此情况下，各国货币当局一般不会完全听任汇率的自由变动，而会通过一系列的调控手段，干预汇率的运行。在我国，货币当局通过对人民币汇率采取适当的干预手段与措施，就可以纠正其"错误"的变动方向，从而达到规范汇率"正确"运行的。当然，在不同的汇率制度下，货币当局对于汇率的管理程度是不一样的。

（2）干预汇率波动。我国货币当局管理汇率的主要目标在于实现汇率的基本稳定和保持汇率的适当弹性。通过采用一定的汇率管理技术可以准确判断汇率变动的方向、速度和节奏，从而防止汇率的异常波动。货币当局对外汇市场干预的目的一般有：防止汇率在短时间内过分波动，避免汇率水平在中长期内失调，进行政策搭配调节内外经济的需要以及增加外汇储备等。其干预手段分为直接干预与间接干预。其中，直接干预是指货币当局直接入市买卖外汇，改变原有的外汇供求关系以引起汇率变化的干预；间接干预是指货币当局不直接进入外汇市场而是通过改变利率和公开宣告的方法等所进行的干预。

（3）引导汇率预期。虽然汇率的大小是由其市场中的供求关系决定的，但是，汇率的变动方向却是可以调控和干预的。在我国现行的有管理浮动的汇率制度下，汇率弹性的增大和汇率的频繁波动是必然的。这就要求中央银行必须从全局出发，通过出台政策措施来引导汇率预期，加强对汇率预期的管理，合理调节经济主体的外汇交易行为。而任何正确的政策措施又必须以科学的汇率预测为依据，人民币汇率管理技术可以为科学预测汇率走势提供决策参考。

（4）稳定市场汇率。随着汇率市场化改革的进一步深化，人民币汇率波动的幅度逐渐增大，这必然带来较大的汇率风险。相应地，涉外企业和金融机构对规避人民币汇率波动风险的需求也越来越强烈，因此，如何稳定市场汇率，防范和化解汇率风险成为人民币汇率管理中面临的一个重要问题。而通过对人民币汇率管理技术的研发与创新，如人民币汇率弹性技术、人民币汇率衍生产品技术、人民币篮子汇率指数技术等，可为涉外企业和金融机构提供相应的套期保值工具，从而可以对冲或锁定复杂外汇业务中的汇率风险。

（5）反映汇率信息。人民币汇率管理技术是一种集理论知识、经验与技能于一体的专门汇率管理的技术，其自身的特点就决定了它具有即时反映汇率信息的功能。目前，我国外汇局现有的监管系统主要有出口核销系统、进口核销系统、居民个人因私购汇系统、外汇账户管理信息系统、外债统计监测系统、银行结售汇统计系统、国际收支统计监测系统、反洗钱信息系统等。而对人民币汇率管理技术的采用，将更加有利于健全和完善上述外汇管理信息化系统的内容，使汇率信息更加及时、准确、真实、可靠。

（6）优化配置外汇资源。汇率作为一种外汇的价格，直接为外汇资源的合理流动提供了价格信号，从而决定着外汇资源的流动方向、流动范围、流动规模和流动速度，并最终影响外汇资源配置的传递机制。在全球经济金融一体化日益深化的今天，适当的调控和干预人民币汇率变动的方向或波动的幅度，有利于我国外汇资源的有效合理流动。同时，人民币汇率管理技术还可以提高外汇交易的效率，引导交易者双方形成合理的预期，规范交易者的交易行为等。因此，通过发展和创新人民币汇率管理技术，就可以较好地解决外汇资源的优化配置问题。

2.3.2　人民币汇率管理技术的主要作用

在实践中，人民币汇率管理技术对于提高人民币汇率管理效率、增强人民币国际竞争力等均具有重要的作用。简单地说，主要表现在以下两个方面：

（1）从宏观管理者的角度看，货币当局运用先进的人民币汇率管理技术，一方面，可以为政府科学决策提供重要的参考，并尽快实现其汇率调控的目标，即实现在合理的均衡汇率水平上的基本稳定，从而为国民经济的全面、健康和可持续发展提供强有力的支持；另一方面，可以提高其调控与干预汇率的管理水平，增强人民币的国际竞争力，特别是亚洲区域货币竞争力，从而进一步加快和深化人民币国际化进程，使人民币在国际货币体系中的重要作用得到应有的体现。

（2）从微观主体来看，作为一个金融机构，利用人民币汇率管理技术不仅可以提高其业务操作效率，减少交易成本；而且可以提高其服务质量，从而为客户提供更好更多的服务。作为一个外向型企业，一方面，利用人民币汇率管理技术可以有效规避其对外业务中的汇率风险，降低经营成本；另一方面，利用人民币汇率管理技术可以充分发挥其自身优势，增强其国际竞争力。作为一个外汇产品交易者，一方面，利用人民币汇率管理技术可以合理预测汇率走势，规范交易行为，提高外汇交易效率；另一方面，利用人民币汇率管理技术可以规避交易风险，提高投资收益等。

第3章
国外汇率管理技术的变迁与
人民币汇率管理技术的演变

【本章摘要】从国际范围来看，不同的国际货币体系不仅决定着汇率管理技术的变迁路径与演变方式，而且不同的国际货币体系对其汇率管理技术也提出了不同的要求，相应地，其汇率管理技术的内容与特点也是不尽相同的。现代国际汇率管理技术是在传统汇率管理技术的基础上演变与发展过来的，而对传统汇率管理技术影响最大的汇率理论主要是购买力平价理论、利率平价理论以及预期理论等，因而，这些汇率理论也自然成为现代汇率管理技术演变的重要基础。从一国范围来看，不同的汇率制度、不同的汇率形成机制以及汇率政策等对其汇率管理技术的要求也是不尽相同的。本章首先总结了不同国际货币体系下的汇率管理技术的演变；其次，梳理了主要外币（如美元、英镑、日元以及欧元等）汇率管理技术的演变；最后，重点分析了人民币汇率管理技术的演变。

第二次世界大战之前，对于汇率管理技术问题的研究并未引起人们足够的重视，其原因主要在于那时的国际货币体系是建立在金本位之上的，而金本位是具有自我调节、自动稳定功能的，基本上不需要人为的汇率干预。因此，国际汇率管理技术主要是指第二次世界大战以后所形成的汇率管理技术。从其形成原因上看，国际汇率管理技术的演变总是与国际货币体系、汇率理论以及汇率政策等的变迁密切联系在一起的。同样的，就一国范围来看，世界主要货币（如美元、日元、英镑以及欧元等）汇率管理技术与人民币汇率管理技术的演变也与其汇率制度、汇率形成机制以及汇率政策的变迁密切联系在一起。

3.1 不同国际货币体系下的汇率管理技术

国际汇率管理技术的发展是一个不断演变的过程。从国际范围来看，国际货币体系的演变决定着国际汇率制度①的变迁，而不同的国际汇率制度对其汇率管理也分别提出了不同的要求，相应地，其汇率管理技术的内容与特点也是不尽相同的。这里将国际货币体系演变形态与其所对应的国际汇率制度变迁形态列表（如表 3 - 1 所示）。

表 3 - 1　　　国际货币体系的演变与国际汇率制度的变迁情况

类别	国际金银复本位和金本位时期		两次世界大战之间的动荡时期			布雷顿森林体系时期	牙买加体系时期
	1880 年以前	1880—1914 年	1918—1925 年	1925—1931 年	1931—1939 年	1944—1973 年	1976 年以后
国际货币体系	国际金银复本位制	国际金本位制	动荡不定	国际金汇兑本位制	货币集团并存	美元—黄金本位制	信用货币本位制度
国际汇率制度	内生的固定汇率制度		自由浮动汇率制度	固定汇率制度	货币集团间浮动汇率制度	可调整的或外生的固定汇率制度	混合汇率制度

资料来源：沈国兵. 国际金融［M］. 北京：北京大学出版社，2008：313.

---

① 国际汇率制度是指国际社会普遍认同的一整套关于各国汇率关系的国际性规则和组织形式。它主要包括四个方面的内容：各国汇率的确定方式、汇率波动的界限、汇率调整的手段以及维持汇率稳定的措施等。

从表 3 - 1 可以看出，一百多年来，国际货币体系经历了稳定的国际金本位制度→两次世界大战之间的动荡不定→稳定有序的布雷顿森林体系→动荡无序的牙买加体系。相应地，国际汇率制度也经历了国际金本位下内生的固定汇率制度→两次世界大战之间的动荡不定→布雷顿森林体系下可调整的或外生的固定汇率制度→牙买加体系下的混合汇率制度。可见，国际货币和汇率制度是国际货币体系的两个关键特征，历史上每次国际货币体系的变迁也主要体现在国际货币和汇率制度的变动上。但从根本上说，国际货币体系的变迁总是与世界经济、政治形势的发展密不可分的。

3.1.1　国际金本位制度下的汇率管理技术

国际金本位制是人类历史上首次建立的国际货币制度。首创于英国（1821 年），到 19 世纪 80 年代，多数国家相继采用金本位制，形成充分的国际金本位制。在 1880—1914 年间，国际金本位进入鼎盛时期，被西方称为"黄金时代"。国际金本位制度的核心是黄金充当货币制度的价值标准，各国货币单位均规定法定含金量，两种不同货币之间的比价（汇率）由其各自的含金量之比——铸币平价决定。

国际金本位制度的建立，可以追溯到西方国家普遍采用金本位制[①]的时期。英国在 17 ~ 18 世纪实行金银复本位制度。后来由于白银产量

---

① 金本位制是以一定黄金为本位货币（standard money）的一种制度。它主要有以下三种形式：（1）只有金币在市面流通的纯粹金本位制度，这是最理想的情况，但在实际上从来没有一国实行过这种形式的金本位制。（2）金币与可兑换的银行券和其他货币同时流通的混合金本位制，这是第一次世界大战以前欧美各国所实行的制度。（3）流通中的货币全部是可兑换的银行券，而完全没有金币流通的金本位制，这是日本等黄金数量不多的国家曾经实行过的制度。总之，在金本位制下，流通中的黄金并不限于金币，除铜、镍等各种金属辅币外，有时还有银行券。（引自：陈彪如 . 国际货币体系［M］. 上海：华东师范大学出版社，1990：6. ）

大量增加，银价暴跌，金银之间相对价值不稳定，因而发生了劣币驱逐良币的现象，使货币制度陷入极度混乱。英国政府于1816年颁布铸币条例，发行金币，规定1盎司黄金为3镑17先令10.5便士，银币则处于辅币地位。1819年又颁布条例，要求英格兰银行的银行券在1821年能兑换金条，在1823年能兑换金币，并取消对金币熔化及金条出口的限制。从此，英国实行真正的金铸币本位制。1865年，组成拉丁货币联盟的国家——法国、比利时、瑞士、意大利等国——则处于由复本位制向金本位制的过渡阶段。19世纪70年代初，银价大跌，白银流入，这些国家遂于1874年限制银币的自由铸造，1878年又完全停止银币的自由铸造，银币虽然仍是无限法偿货币，但已不是十足的本位货币，于是复本位制转变成"跛行金本位制"。荷兰与斯堪的纳维亚国家采取类似的行动。德国于1871年从法国巨额战争赔款后，发行金马克作为本位货币，遂放弃银本位而采用金本位制。美国在1873年颁布法令停止银币的自由铸造，实际上也开始确立了金本位制，只是由于国内曾发生长时期的争论，直到1900年才正式通过金本位法案，正式实行金本位制度。俄国与日本也在1897年改为金本位制。因此，到19世纪后期，金本位制已在世界上主要经济大国相继采用，它已具有国际性（如表3-2）。国际金本位制的诞生并非来自国际经济协调与合作的推动，而是各国货币制度的叠加，当各国都开始实行金本位制时，国际金本位制便自动形成。

表3-2   主要国家实行金本位制时间

国家	英国	加拿大	德国	瑞典	挪威	丹麦	荷兰	芬兰
年份	1821	1867	1873	1874	1874	1874	1874	1874
国家	法国	瑞士	比利时	意大利	美国	奥地利	日本	俄国
年份	1878	1878	1878	1878	1879	1892	1897	1897

资料来源：沈国兵.国际金融［M］.北京：北京大学出版社，2008：309.

　　由于当时英国在世界经济中的突出地位，它实际上是一个以英镑为中心、以黄金为基础的国际金本位制。① 金本位制的最初形态是金铸币本位制，即以一定成色及重量的黄金作为本位货币的一种货币制度，黄金是货币体系的基础。国家以法令规定金币的形状、重量、成色，并以此确定其货币单位。但在实际上，多数国家同时也发行以黄金为基础的纸币（如银行券），代替金币在市场上流通。纸币可以随时按固定价格兑换黄金。因此，严格地说，这种金本位制也不是纯粹的形态。②

　　在国际金本位制度下，黄金充分发挥世界货币的职能，它充当国际支付手段、国际购买手段和作为社会财富的代表，由一国转移到另一国。传统的金本位制是金铸币本位制。它的基本内容是：①用黄金来规定货币所代表的价值，每一货币单位都有法定的含金量，各国货币按其所含黄金重量而有一定的比价；②各国流通中的货币主要包括银行券、金币和其他辅助金属货币，金币可以自由铸造，任何人都可以按本位币的含金量将金块交给国家铸币厂铸成金币；③金币是无限法偿的货币，具有无限制的支付手段的权利；④各国的货币储备是黄金，国际间的结算也使用黄金，黄金可以自由输出与输入。从上述情况来看，传统的金本位制具有"三个自由"的特点：自由铸造、自由兑换和自由输出入。由于金币可以自由铸造，金币的面值与其所含黄金的价值就可以保持一致，金币数量就能自发地满足流通中的需要；由于金币可以自由兑换，各种价值符号就能稳定代表一定数量的黄金进行流通，从而保证币值的稳定，不至于发生通货膨胀现象；由于黄金可以在各国之间自由转移，这就保证了外汇市场的相对稳定与国际金融市场的统一。所以，金本位

---

① 陈彪如. 国际金融概论［M］. 上海：华东师范大学出版社，1998：5.
② 宋立刚. 外汇理论与预测方法［M］. 北京：中国人民大学出版社，1993：179.

制是一种比较稳定、比较健全的货币制度。①

在金本位制下，各国货币都规定有含金量，各国本位货币所含纯金之比叫作金平价，各国货币的兑换率就是按照单位货币所含纯金数量计算出来的。这种兑换率叫作法定平价。由于外汇供求关系，外汇市场的实际汇率往往围绕法定平价而上下波动，但是汇率的波动有一个限度，这个限度就是黄金输送点。法定平价加黄金运送费用，即黄金输出点，这是汇价上涨的最高限度；法定平价减黄金运送费用，即黄金输入点，这是汇价下跌的最低限度。由于黄金输送点限制了汇价的变动，所以汇率波动的幅度比较小，基本上是稳定的。上述规律存在的基本经济机制是：如果在同一时间黄金在不同国家有不同的价格，则存在输送黄金套利的机会，套利商就会购买外汇并兑换成黄金输送到另一国出售获利，只要黄金在不同国家的价格差异大于黄金输送的成本，套利者就有获取无风险利润的空间，套利者的存在最终限制了汇率波动的范围。汇率的相对稳定可以保障对外贸易与对外信贷的安全，为国际贸易和资本流动创造有利条件。由于各国通货均以黄金为基础，黄金充分发挥世界货币的作用，这就加强了各国之间的经济联系，维持外汇市场的稳定，保障对外贸易与对外信贷的安全，从而为世界经济的发展创造了有利条件。

但是，传统的金本位制也并不是十分完善的。首先，第一次世界大战前的国际货币秩序是金字塔形的格局。一般外围国家处于最低层，核心国家处于上层，英国则处于顶尖。英国在 19 世纪国际货币关系中占有统治地位，因为它是最大的工业强国、最大的工业品输出国和最大的海外投资国，伦敦又是最重要的世界金融中心，英镑是世界上最广泛使用的货币。英国不仅支配着国际货币秩序，而且起着重要的作用，即它

---

① 陈彪如. 国际金融概论 [M]. 上海：华东师范大学出版社，1998：6.

对国际收支逆差国的出口商品提供一个开放的市场，对外提供长期贷款，在发生金融危机时，它充当最后的贷款人。由于国际间广泛使用英镑以及伦敦金融市场与其他国家金融市场的密切联系，英国获得控制世界金融的特权，英国的货币政策也必然影响到其他国家的货币金融关系。这种国际货币秩序给欧洲工业国家的"核心"带来巨大的利益，它操纵了弱小国家的金融命脉。其次，金本位制的自动调节也存在着严重的缺陷。在金本位制下，各国的国际收支是自发地进行调节，金本位的自发调节作用主要包括以下四个方面：①外汇汇率根据各国货币的含金量确定。②国际收支逆差引起汇率变动，汇率变动超出黄金点时，就会引起黄金流动。③黄金流动增加黄金输入国的银行准备金，并减少黄金输出国的银行准备金。④银行准备金的变动将会引起货币数量的变化，从而造成贸易双方物价和收入的变动，这将纠正国际收支的不平衡，制止黄金的流动。这就是英国经济学家休谟（D. Hume）最先提出的"物价与金币流动机制"（price specie-flow mechanism）①。

金本位制的自动调节，需要具备的前提条件是②：①没有大量国际资本流动，一国国际收支发生逆差，就导致黄金外流；②银行体系没有过剩的黄金储备，黄金流失意味着银行信用的紧缩和物价的下跌；③生产与贸易将对价格作出反应，价格下跌将使出口总值增加，从而纠正国际收支的不平衡；④黄金流动同恢复国际收支平衡自动联系起来，金融当局没有进行干预的余地。这就要求各国遵守金本位制的三项游戏规则：第一，各国应以黄金表示其货币价值，各国货币的交换比率（汇率）就是根据这个条件决定的。第二，各国的黄金应自由流出与流入，

---

① 陈彪如. 国际金融概论［M］. 上海：华东师范大学出版社，1998：8.
② 陈彪如. 国际金融概论［M］. 上海：华东师范大学出版社，1998：9.

不受任何限制。各国金融当局应按照规定的官价，无限制地买卖黄金或外汇。第三，各国发行纸币应受黄金准备数量的限制，这就使各国的货币供应额，因黄金流入而增加，因黄金流出而减少，这是金本位制自动调节的基本要求。但是，在实际执行过程中，其情形要复杂得多。首先，它要求各国严格遵守游戏规则，而没有一个国际机构监督执行，国际收支顺差的国家可以将其盈余冻结，以便获取更多的盈余，于是调节的负担全部落在逆差国家身上，从而加剧其他国家的经济困难。其次，它不能防止资本流动对一国国际收支的冲击。最后，主要国家大部分实行部分准备金制度，在部分准备金制度下，黄金流动会引起准备黄金数量的变化，但有一个前提，即没有剩余准备金，否则黄金流动不会影响发行数量，因而物价不至于发生变动。所以金本位制自动调节理论的前提假定是不现实的[1]。

随着资本主义矛盾的发展，破坏金本位国际货币制度的因素日益增长。到 1913 年末，英国、美国、法国、德国、俄罗斯五国占有世界黄金存量的 2/3，绝大部分黄金被少数强国占有，这削弱了其他国家实行金本位制度的物质基础；同时，由于国际经济形势的紧张，各国为了备战，政府支出急剧增加，货币大量发行使银行券的黄金基础动摇，银行券越来越难以兑换成黄金；为了防止敌国获得黄金储备，很多国家对黄金的国际流动进行严格控制，黄金已经不能在国际间自由流动。第一次世界大战爆发后，各国停止银行券兑换黄金并禁止黄金流出，这样金本位的国际货币制度最终崩溃了。第一次世界大战结束后，国际社会立即开始了重建以黄金为基础的国际货币制度的努力，但是，由于黄金不足及分配不均等原因，传统的金本位制度很难恢复。1922 年在意大利热

---

① 陈彪如. 国际金融概论［M］. 上海：华东师范大学出版社，1998：10.

那亚召开的世界货币会议上讨论了重建有生命力的国际货币体系的问题。当时会议遇到一个难题就是物价普遍上涨，而黄金价格不动，于是黄金生产减少了1/3，为了节约黄金的使用，会议建议采取金汇兑本位制或虚金本位制，其主要内容是①：①货币单位仍规定有含金量；②国内不流通金币，以国家发行的银行券当作本位币流通；③银行券只能购买外汇，这些外汇可在外国兑换黄金；④本国货币同另一金本位国家的货币保持固定的比价，并在该国存放大量外汇或黄金作为平准基金，以便随时出售外汇来稳定外汇行市。这是一种间接使货币与黄金联系的本位制度，主要资本主义国家相继采用。德国于1924年首先实行，奥地利、意大利、丹麦、挪威等30个国家随后也采用了这一制度。但英、法两国则实行金块本位制，美国仍然实行金本位制。在金块本位制下，国内没有黄金流通，银行券在一定条件下才能兑换金块。这样，以美元、英镑和法郎等储备货币占主要地位的国际金汇兑本位制开始出现，形成一种不受单一货币统治的货币体系，但采取金汇兑本位制的国家在对外贸易和财政金融方面要受到与其相联系的金本位制国家的控制和影响。从节约黄金的观点来看，这个制度在一定时期内是成功的。但是，无论金汇兑本位制还是金块本位制，都是削弱了的金本位制，很不稳定。因为，第一，国内没有金币流通，黄金不再起自发地调节货币流通的作用；第二，在金块本位制下，银行券兑换黄金有一定的限制，这种限制削弱了货币制度的基础；第三，实行金汇兑本位制的国家使本国货币依附于英镑和美元，一旦英、美两国的经济动荡不安，依附国家的货币也将发生动摇。所以这两种货币制度都没有稳固的基础，这种脆弱的国际金汇兑本位制，经过1929—1933年世界经济危机的袭击，终于全

---

① 陈彪如. 国际金融概论［M］. 上海：华东师范大学出版社，1998：12.

部瓦解。[①] 金汇兑本位制崩溃后，正常的国际货币秩序遭到破坏，资本主义各国组成相互对立的货币集团（如英镑集团、美元集团、法郎集团等），加强外汇管制，实行外汇倾销。这一做法对资本主义经济产生了巨大的破坏作用，并加剧了 20 世纪 30 年代的经济危机。

综合起来看，国际金本位制下的汇率管理技术具体概括为以下三个方面：

（1）在汇率制度方面，从国际金本位制的产生、发展到危机与崩溃，国际汇率制度则相继采用了不同的形式。

①1918 年之前的固定汇率时期。在第一次世界大战之前，特别是其黄金时代，主要资本主义国家贸易自由化、资本和劳动力在国际间自由流动，以及各国经济的急剧膨胀，这为国际金本位制下的固定汇率制的形成，创造了有利的国际经济环境；而国际政治的相对稳定与和平又为国际金本位制的发展提供了良好的政治环境。这一时期的汇率制度基本上属于一种理想的固定汇率制度，其突出的特征是：一是产生的自发性，即它不是通过国际协议建立起来的，而是在世界经济发展中自发内生形成的，并为各国所接受。二是运行的自发性，即在该汇率制度下，汇率的稳定及其对汇率变动的调节都是自发地而非通过各国货币当局对外汇市场的干预实现的；金本位制的三大自由原则和市场力量的自发作用是其汇率制度的显著优点。三是组织结构的自发性，即在金本位制下，各国并不签订协议，也没有必须执行的共同规章及国际组织的监督与指导。各国只是自行规定并执行各自的货币兑换和使用原则，但其结果却是统一而令人满意的。

②1918—1925 年的汇率浮动时期。第一次世界大战结束的 1918 年

---

① 陈彪如. 国际金融概论 ［M］. 上海：华东师范大学出版社，1998：13.

之后，各国相继停止纸币兑换黄金，禁止黄金输出，并听任汇率浮动，破坏了金本位制下固定汇率的稳定性，金本位制的黄金时代宣告结束。货币当局不得不允许其货币汇率保持一定程度的自由浮动，但是，这种浮动只是权宜之计，各国政府都希望能再次回到战前的金本位制。

③1925—1931 年的金本位制恢复时期。第一次世界大战之后，经过短时间的努力，几乎所有国家都回到了金本位制。但是，情况已不同于战前。除美国战后初期即恢复金本位制外，英国（1925 年）、荷兰（1925 年）、比利时（1926 年）、法国（1928 年）相继改为金块本位制，其他国家则改为金汇兑本位制。金块本位制的特点是国家不再铸造金币，而由中央银行发行一定含金量的银行券在市场上流通，但持有者可按银行券与黄金固定官价与中央银行进行买卖。金汇兑本位制则指国家不再使用金币，银行券也不能兑换黄金，该国货币钉住另一个实行金本位制国家的货币，二者保持固定比价，因而是更次一级的固定汇率制①。

在新的金块和金汇兑本位制下，虽然仍实行固定汇率制，但具有新的特征：一是打破了第一次世界大战前单一货币统治，美元、英镑、法郎等货币成为与黄金等同地位的国际储备货币，黄金不再是唯一的各国货币汇率的共同计算标准。特别是实行金汇兑本位制的国家，往往将其货币钉住实行金本位制或金块本位制国家的货币（如美元、英镑等）。二是汇率的稳定程度远逊于第一次世界大战前金本位制时期。因为，一旦美元和英镑等货币价值发生变动，与其保持固定比价的货币汇率必然随之波动。此外，黄金不能自由兑换，破坏了金本位制的自发调节机制，削弱了汇率稳定的基础。因此，这一新的金本位制刚一恢复，其丧

---

① 宋立刚. 外汇理论与预测方法 ［M］. 北京：中国人民大学出版社，1993：182.

钟就已经敲响了。

④1931—1940 年的管理浮动汇率时期。1929—1933 年，西方爆发了一场世界性的经济危机。为应对这场经济危机，西方各国都力图摆脱固定汇率制的约束，加强对国内货币的管理。在这个过程中，脆弱的金本位制遭到毁灭性的打击，最终彻底崩溃，而代之以混乱的汇率浮动。1931 年 9 月，英国放弃金本位制。同年，德国、日本、加拿大等国纷纷宣布放弃金本位制。美国在无效果地拖了几年以后，也不得不于1933 年 4 月宣布放弃金本位制。以法国于 1936 年放弃金本位制为标志，国际金本位制翻完了它的最后一页。

金本位制崩溃后，世界再次进入浮动汇率时期，但汇率的波动深刻地打上了国家的烙印。因而，也有人视之为管理浮动汇率制度的第一次尝试。这个时期汇率制度的主要特征是各国都加强了对汇率变动的管理和控制。其主要方式：一是各国普遍加强了对外汇变动的管理。各国中央银行利用外汇稳定基金在外汇市场上买卖外汇，以缓和汇率的变动。二是加强外汇管制。其内容主要包括禁止本国货币兑换外币等限制货币交易的措施，目的在于避免受到资金国际流动的冲击。三是各国纷纷采取竞争性贬值政策，加强外汇倾销和保护主义措施，从而保证自身利益。

（2）在汇率理论方面，这一时期的汇率理论主要有三个：①购买力平价理论。1922 年，瑞典学者卡塞尔（Cassel）出版了《1914 年以后的货币与外汇》一书，系统地阐述了汇率决定的购买力平价说。该理论指出：两种货币间的汇率取决于两国货币各自所具有的购买力之比（绝对购买力平价说），汇率的变动也取决于两国货币购买力的变动

（相对购买力平价说）。① 该理论在很长一段时间内决定着人们对汇率行为特别是长期汇率变动的认识。但随着 20 世纪 20 年代各主要国家的宏观经济局面相对稳定，国际资本流动加快，人们开始意识到购买力平价说忽略了国际资本流动的缺陷。

②利率平价理论。凯恩斯（John Maynard Keynes）于 1923 年首次系统地阐述了汇率决定的利率平价理论。该理论认为，套利性的短期资本流动会驱使高利率货币在远期外汇市场上贴水，而低利率货币将在远期外汇市场上升水，并且升贴水率等于利率差异。后来，英国学者艾因其格（Paul Einzig）于 1931 年和 1937 年分别对凯恩斯的观点进行了补充，提出了利率平价的"互交原理"，揭示了即期汇率、远期汇率、利率、国际资本流动之间的相互影响。② 利率平价说从资金流动的角度指出了汇率与利率之间的密切关系，有助于正确认识现实外汇市场上汇率的形成机制，但限于当时的认识水平，凯恩斯所系统阐述的套补利率平价说主要被人们用来解释远期差价的决定，而没有在国际资本市场中用这一价格机制来分析即期汇率的决定。

③预期理论。1927 年，法国学者阿夫塔里昂（A. Aftalion）运用奥地利学派的边际效用理论提出了汇率决定的"汇兑心理说"。该理论指出：人们之所以需要外国货币，是为了满足欲望，如满足购买、支付、投资、外汇投机、外汇外逃等需要，这种欲望使外国货币具有价值的基础。因此，外国货币的价值不依从任何规则，而是取决于外汇供求双方对外币边际效用所作出的主观评价。这一理论后来发展成了预期理论。预期分为三种，即静态预期、回归预期和理性预期。

---

① 王爱俭. 国际金融理论研究：进展与评述［M］. 北京：中国金融出版社，2005：3.
② 王爱俭. 国际金融理论研究：进展与评述［M］. 北京：中国金融出版社，2005：3.

（3）在汇率政策与措施方面，其汇率政策与措施主要有以下三个方面：①各国应以黄金表示其货币价值，各国货币的交换比率（汇率）就是根据这个条件决定的。②各国的黄金应自由流出与流入，不受任何限制。各国金融当局应按照规定的官价，无限制地买卖黄金与外汇。③各国发行纸币应受黄金准备数量的限制，这就使各国的货币供应额因黄金流入而增加，因黄金流出而减少。

3.1.2 布雷顿森林体系下的汇率管理技术

第二次世界大战爆发后，国际货币制度的建设问题长期处于无人问津的境地。第二次世界大战结束后，在美、英两国的倡导下，资本主义世界建立了以美元为中心的国际货币体系，确立了一种可调整的钉住汇率制度，即第二次世界大战后实行的固定汇率制度。这一时期的汇率管理技术大致可以分为两个阶段。

第一阶段是从第二次世界大战结束到 20 世纪 60 年代初期。这一阶段的汇率管理技术具有鲜明的时代特色，反映了固定汇率制度下经济发展的内在要求。这一阶段的汇率管理技术具有两个特点。第一，汇率管理技术关注的重点是研究货币贬值问题而不是汇率决定问题。[①] 因为在固定汇率制度下，美元直接与黄金挂钩，其他国家的货币与美元挂钩，以美元的含金量作为各国规定货币平价的基础，各国货币对美元的汇率，一般是在平价上下 1% 的范围内波动。因此，在这种情况下，汇率管理的重点不是汇率决定问题，而是货币贬值问题。因为汇率已由平价关系所确定，只有在一国国际收支发生"根本性不平衡"时，才允许平价变动，平价变动 10% 以内可自行决定，超过 10% 则需要国际货币

---

① 傅建设. 现代汇率经济学 ［M］. 上海：上海社会科学院出版社，1998：1.

基金组织批准。因此，在固定汇率制度下，平价变动（贬值或升值）是调节国际收支的最后手段，货币贬值（或升值）能否消除和怎样消除国际收支不平衡，是汇率管理的重点。第二，这时的货币贬值理论，主要强调了汇率变动对贸易差额的调节作用，完全忽视了汇率变动对资本流动的影响。这是因为在这一阶段，不同国家之间的短期资本流动受到政府的严格控制。1944 年签署的《布雷顿森林协议》第八条规定了保持经常项目条件下货币可兑换性义务，但第六条专门规定禁止用国际货币的资源来融通私人资本的外流，因此，布雷顿森林体系虽然设计了一个开放的多边贸易体系，但却没有打算建立一个开放的国际资本市场。20 世纪 40 年代和 50 年代，私人资本的国际流动实际上被禁止，而且与国际商品和劳务贸易的价值量相比，其数量相当小，因此汇率管理的中心是贬值与贸易差额的关系，即如何通过汇率贬值来维持进出口的平衡。在这一阶段，汇率管理技术实际上沿着两个思路展开。一是以贬值的弹性分析法为核心，通过实证检验进出口的需求弹性值，从而判断弹性值的大小是否满足贬值成功的条件。二是以贬值的吸收法为核心，探讨在第二次世界大战后充分就业条件下贬值改善国际收支的条件，并力图把弹性分析法和吸收分析法结合在一起，以全面评估贬值对贸易差额的影响。[①]

　　第二阶段是从 20 世纪 60 年代初期到 70 年代初期。在这一阶段，布雷顿森林体系的内在不稳定性逐步显示出来，最后导致固定汇率制度的崩溃，主要工业化国家在 70 年代初期都转向了浮动汇率制度。因此，汇率管理技术的中心由汇率如何调节国际收支转向如何使整个经济同时达到内部平衡和外部平衡，这一转变与美国经济地位的衰落及各国通货

---

① 傅建设. 现代汇率经济学 ［M］. 上海：上海社会科学院出版社，1998：2.

膨胀的加剧有关。① 从 20 世纪 50 年代后半期开始，美国的国际收支变成了慢性赤字，到 1960 年美国的对外债务已经超过了它的黄金储备，终于导致了美元危机的大爆发。到 20 世纪 60 年代中期越南战争扩大后，美国财政金融和国际收支状况更加恶化，同时通货膨胀加剧，终于导致了更加严重的危机。而日本、联邦德国等国的经济实力日益增强，逐步变成巨大的顺差国。由于固定汇率制度下通货膨胀的国际传递，主要工业化国家的通货膨胀日益加剧，在这种情况下，汇率管理技术的重点不能仅仅限于研究如何通过汇率变动（贬值或升值）来维持国际收支平衡，而是要进一步研究如何在固定汇率制度下，同时达到内部平衡和外部平衡。② 由于固定汇率制度下平价调整的困难，各个国家最常用的办法是运用财政政策和货币政策来达到内部平衡和外部平衡目标，同时保持汇率的稳定性。这一时期汇率管理技术最大的特点是强调了资本流动的决定性作用。这主要是由于，一方面这一时期各国政府实施金融自由化政策，对短期资本流动的限制逐步解除，同时，跨国公司的国际贸易和国际投资也使资本在国际范围内的流动更加频繁；另一方面，由于美国巨大的贸易赤字使大量美元流向世界各国，形成了欧洲货币市场，欧洲货币市场的扩张导致巨大的资本流动，产生了高度资本流动的环境。这时的汇率管理技术，着手把资本流动的因素融于经济分析之中，使重点转向研究短期资本流动对国际收支和汇率变动的影响。

综合来看，布雷顿森林体系下的汇率管理技术具体概括为以下三个方面：

（1）在汇率制度方面。按照布雷顿森林会议的协议，各国在第二

---

① 傅建设 . 现代汇率经济学 ［M］. 上海：上海社会科学院出版社，1998：3.
② 傅建设 . 现代汇率经济学 ［M］. 上海：上海社会科学院出版社，1998：3.

次世界大战后普遍实行以美元为中心的固定汇率制度，又称"可调节的钉住汇率制"①。其主要内容是汇率的决定采取双轨制，即美元与黄金挂钩，其他货币与美元挂钩。前者即美元钉住黄金。协议确定黄金与美元的官价为 1 盎司黄金等于 35 美元，即美元的黄金平价为 0.8886 克。不经美国政府同意；各国政府不得变更黄金官价。美国政府则承担义务，保证各国政府或中央银行可以按官价用美元向美国兑换黄金。后者则是指其他国家货币钉住美元，而不与黄金发生直接联系。各国通过其黄金平价与美元黄金平价的比较，计算出本国货币对美元的比价。

可见，布雷顿森林体系下的固定汇率制度是一种统一、稳定但又可调整的平价制度。在这一制度下，美元等同于黄金，其他货币汇率都以美元为基础计算，因而具有统一性；各国汇率决定及其变动范围都有明确规定，因而具有稳定性；在一定条件下，货币平价的大幅变动又是可以进行的，因而具有灵活性和可调整性。这样，一方面避免了金本位制下固定汇率制的过度刚性；另一方面又建立了新的稳定的汇率制度，摆脱了战争期间国际货币领域的动荡和混乱。

但是，布雷顿森林体系下的固定汇率制也存在严重的缺陷。第一，美元的独特地位使美国无权决定美元与其他货币兑换比价，也没有干预外汇市场、稳定汇率的责任。第二，为维持各国货币汇率的稳定，要求美元币值稳定在 35 美元兑 1 盎司黄金的水平上，不能任意调整。在这种情况下，美国的角色是矛盾的，既要维持美元国内价值的稳定，又无权改变美元的对外价值。当美国不再愿意或没有能力承担这两个责任时，布雷顿森林体系必然走向瓦解。第三，布雷顿森林体系下的可调整钉住制逐渐演变为一种较为僵硬的固定汇率制。其结果，各国不能灵活

---

① 宋立刚. 外汇理论与预测方法 ［M］. 北京：中国人民大学出版社，1993：184.

而有效地利用汇率机制来调节国际收支不平衡。第四，在布雷顿森林体系下，美国与其他国家获利不均，利益分配不对称，客观上破坏了国际货币合作的基础。而这种协调与合作对维持各国货币汇率的稳定是极其必要的。

布雷顿森林体系下的固定汇率制度，从 1947 年到 20 世纪 70 年代初期实行浮动汇率止，大约存在了 25 年左右。其发展过程可以概括为三个阶段[①]：①1947—1958 年。这期间，欧洲各国处于经济恢复时期，由于普遍缺乏美元，因而各国大都实行严格的外汇管制。②1959—1968 年。这 10 年可以说是可调整钉住制的黄金时期。所有国际货币基金成员国的货币都钉住美元，而美元则钉住黄金，固定汇率制运转良好。③1968—1973 年。各国货币汇率逐渐趋向浮动。如加拿大在 1970 年开始浮动，其后，英镑、瑞士法郎、荷兰盾在 1971 年，日元、意大利里拉在 1972 年又先后实行浮动。布雷顿森林体系下的固定汇率制开始动摇，并趋于崩溃。

（2）在汇率理论方面。这一时期的汇率决定理论主要是从国际收支均衡的角度来阐述汇率的调节作用，即如何由政府来确定适当的汇率水平。有关这方面的汇率决定理论统称为国际收支说，而它的早期形式就是国际借贷说。国际收支说通过说明影响国际收支的主要因素，进而分析了这些因素如何通过国际收支作用到汇率上。国际收支说指出了汇率与国际收支之间存在的密切关系，有利于全面分析短期汇率的变动和决定，是关于汇率决定的流量理论。[②] 这一时期有影响的汇率理论主要有局部均衡分析的弹性论、一般均衡分析的吸收论、内外均衡分析的蒙

---

① 宋立刚. 外汇理论与预测方法 [M]. 北京：中国人民大学出版社，1993：186.
② 王爱俭. 国际金融理论研究：进展与评述 [M]. 北京：中国金融出版社，2005：4.

代尔—弗莱明模型以及注重货币因素在汇率决定中具有重要作用的货币论。

1948 年，梅茨勒（L. Metzler）发展了琼·罗宾逊的货币贬值对一国贸易收支影响的观点，提出了汇率变动对贸易收支的影响与进出口商品的需求弹性和供给弹性密切相关的理论，被称为"罗宾逊—梅茨勒条件"。1951 年，米德（Meade）在其名著《国际收支》中最早提出了开放经济条件下内外均衡问题，并指出了经济政策协调的重要性。同时，米德提出可变的汇率制度在实现外部均衡方面具有优越性，成为浮动汇率制度理论的早期研究者。1952 年，荷兰经济学家丁伯根（Jan Tinbergen）提出了著名的"丁伯根法则"，给出了汇率政策与其经济政策搭配使用的基本原则。1955 年，澳大利亚经济学家斯旺（Trevor Swan）提出了著名的"斯旺曲线"，指出支出增减和支出转换政策搭配实现内外均衡的观点，提供了在开放经济条件下运用汇率政策的理论模型。1968 年，蒙代尔（Robert Mundell）提出了"政策指派"和"有效市场分类原则"，从而奠定了在开放经济条件下进行各种经济政策协调以实现内外均衡的理论基础。另外，在汇率制度选择方面，以金德尔伯格为代表的学者主张实行固定汇率制度，以弗里德曼为代表的学者主张实行浮动汇率制度。对此，蒙代尔提出了"最适度货币区理论"，试图将固定汇率制度和浮动汇率制度的优点加以结合，由此，汇率制度选择理论开始逐渐发展起来。① 20 世纪 60 年代末和 70 年代初以后，由于主要资本主义国家都经历了严重的"滞胀"，国内经济问题开始困扰各国的经济学家，因此，汇率理论的研究开始转入研究汇率制度与国内充分就业、价格稳定以及经济增长之间相互关系的问题。此外，财政政策和

---

① 王爱俭. 国际金融理论研究：进展与评述［M］. 北京；中国金融出版社，2005：5.

货币政策在什么样的汇率制度下效应更大的问题也受到了普遍的重视。

（3）在汇率政策与措施方面。为推行固定汇率制，《国际货币基金协定》进一步规定：第一，各国货币含金量一经确定，不得随意改动。凡超过10%的变化必须得到基金组织的批准。协议还规定，只有一国的国际收支出现"根本性不均衡"的条件下，其汇率才能进行大幅度波动。但什么是"根本性不均衡"，允许汇率变动的幅度有多大，在协议中并没有明确规定。这种模棱两可性使各国政府在制定和实施货币政策时拥有更大的余地。第二，成员国在其境内进行的即期外汇交易的汇率变动不能超过平价的1%。而对自由市场的汇率变动虽然可以超过这一限度，但仍控制在一个合理的幅度。当变化过大时，各国政府同样有义务进行干预，以维持汇率的稳定。第三，汇率变动必须接受基金组织的安排和监督。

3.1.3 牙买加体系下的汇率管理技术

布雷顿森林体系崩溃后，国际货币制度陷入混乱，但对于建立新的国际货币体系的努力却一直没有停止过。为了促进世界经济稳定发展，1974年9月，国际货币基金组织成立了国际货币制度临时委员会。1976年1月，临时委员会在牙买加首都金斯敦召开第五次会议，就修正案的主要内容达成一致，形成了著名的《牙买加协定》（Jamaica Agreement，以下简称《协定》），即对未来国际货币体系的发展前景作出了勾画。1978年4月1日，《协定》生效，标志着国际货币制度新格局的开始。《协定》的主要内容包括：①黄金非货币化，强调了特别提款权在国际货币中的地位。黄金不再是各国货币的平价基础，也不能再用于成员国官方的国际结算，各国的中央银行可以按照市场价格进行黄金交易。为了解决国际清偿能力不足的问题，基金组织努力提高特别提款权作为国际储备的地位，以使它逐步替代黄金和美元成为国际货币体系的主要储备资产。特别提款权改用一篮子货币定值，并规定每 5 年对一篮子货币权数进行一次总检查、更新定值。国际货币基金组织一般账户中的所有资产一律用特别提款权计值，参加特别提款权的国家可以用特别提款权来偿还基金组织的债务和偿还债务的担保，自由进行特别提款权的交易。②允许会员国自由选择、制定和调整汇率，从而使浮动汇率合法化。《协定》认为，会员国可以特别提款权或除黄金以外的其他货币单位为标准来确定本国货币的价值，也可以通过合作安排一些成员国同其他成员国的货币保持比价关系，与此同时，成员国选择的其他汇率制度安排也被允许。成员国应同基金组织和其他成员国开展货币合作，避免利用汇率政策获得不公正的竞争优势和妨碍国际收支的正常调节，努力保证汇率和贸易发展的稳定。③增加国际货币基金的总份额，扩大基金组织在解决成员国国际收支困难和维持汇率稳定方面的能力。《协定》认为，基金应每隔一段时间（不超过 5 年）进行一次总检查，并在认为必要时，调整会员国的份额。会员国的份额以特别提款权、基金指定的其他会员国的货币或本国货币支付。向成员国提供克服国际收支困难的帮助，将是基金组织的主要任务之一，基金组织通过分配特别提款权向会员国提供国际储备，经成员国申请向成员国提供特别提款权和外汇贷款。

《协定》对布雷顿森林体系的改革主要集中在黄金、汇率、特别提款权三点上。从本质上说，牙买加体系并没有构筑一种新的国际货币制度框架，它只是以国际协定的方式正式承认了各国在汇率方面的自由，在很大程度上（尤其是黄金与汇率问题上）是对事实的一种追认。在《协定》签订后，国际货币制度并没有按照《协定》规划的方向发展，准确地说，其后的国际货币制度事实上可以用"无规则"来概括。首先，从国际储备货币的安排来看，虽然《协定》规定了未来的本位货币向特别提款权转移，但事实上，在世界储备货币的构成比例中，特别提款权的比重不但没有上升，反而有下降趋势。外汇储备占国际储备的比重居高不下，并且呈现多元化的趋势。由于货币的发行没有特定的约束，各国信用货币间的比价便没有了合理的基础。[①] 其次，从汇率制度安排看，由于《协定》将各国汇率制度的决定权交给了各国自身，各国可以完全根据自身的情况作出安排，汇率制度呈现混乱无序的状况。根据国际货币基金组织（以下简称 IMF）的传统统计方法，截至 1998年，国际货币基金组织 182 个成员国实行了三大类的汇率制度安排，其中有 64 个国家实行钉住汇率制度，有 17 个国家实行有限浮动汇率制度，有 101 个国家实行更为灵活的汇率制度。最后，从国际货币基金组织的职能来看，IMF 在国际金融关系中所起作用越来越小。其主要表现在：一是各国经济相互依存度不断加深，而 IMF 仍然是仅就个别国家的情况做出调整规划；二是主要储备货币国家间的经济政策协调基本上是七国集团内部协调，因而 IMF 在其中所起作用有限；三是从监督的执行机制看，IMF 主要是通过一年一度的"第四次咨询"会议进行，IMF 对成员国的经济运行和政策提出咨询与建议，但各成员国仍然可以自行决定采纳与否。从多年的实践来看，IMF 似乎只是扮演了国际金融危机中"救火者"的角色，这种情况在亚洲金融危机中表现得尤为显著。

随着布雷顿森林体系下的固定汇率制度的崩溃，主要工业化国家开始转向了浮动汇率制度。从浮动汇率制度的运行来看，在 20 世纪 70 年代以来世界经济的动荡和危机中，显示了较强的适应能力和较高的弹

[①] 余维彬. 汇率稳定政策研究 [M]. 北京：中国社会科学出版社，2003：9.

性。但主要工业国家货币之间的汇率波动十分剧烈，汇率大起大落，汇率易变性是浮动汇率制度下汇率变动的一个重要特点，而传统的汇率理论又无法给予充分的解释，于是出现了大量的理论和实证研究。这一时期的汇率管理技术主要有两个特点：

第一，这一时期的汇率管理技术强调流量分析与存量分析相结合，不仅分析商品和劳务的流量均衡，而且强调货币和资产市场的均衡在汇率管理技术中的决定作用。产生这种情况的原因在于，近几十年来，国际信贷交易、外汇交易等"象征经济"已经脱离"实际经济（商品和劳务）"而成为世界经济主流；同时，国际资本流动达到了空前巨大的规模，资本在国际间迅速而大量地流动，这一切都说明在新的世界经济形势下，影响汇率的主要因素是货币和资产市场的状况，因此汇率管理技术的重点由流量分析转向存量分析、综合流量分析与存量分析，正好反映了国际金融形势的发展。

第二，这一时期的汇率管理技术强调了预期在汇率决定与汇率变动中的核心作用。在浮动汇率制度下，汇率的短期波动大大超出了人们的预料，这种短期波动不能用不同国家产品相对价格的变化和利率差别来解释，汇率短期过度波动可以认为是由于外汇市场均衡的背后力量发生了短期变化的结果，汇率行为背后的推动力量之一就是汇率预期的形成。汇率预期在汇率管理中是一个关键变量，不研究汇率预期就不可能完整地了解浮动汇率制度下汇率的决定与变动。[①]

综合起来看，牙买加体系下的汇率管理技术具体可以从以下三个方面进行概括：

（1）在汇率制度方面。这一时期的汇率制度并非像金本位制下固

---

① 傅建设. 现代汇率经济学［M］. 上海：上海社会科学院出版社，1998：5.

定汇率制度和布雷顿森林体系下可调整的固定汇率制度那样，是一个基本统一与完整的国际汇率制度。实际上，牙买加体系下国际汇率制度是多种汇率制度形式相互并存，并注重区域货币合作的一种混合汇率制度。根据1978年修改后的IMF协定，IMF会员国可以自由选择汇率制度，浮动汇率制的合法地位得到确认。从目前各国实行的汇率制度来看（参见附录A），一般发达国家多采取独立浮动或联合浮动汇率制，也有的采取钉住自选篮子货币的汇率制度。发展中国家则一般采取钉住汇率制，少数也实行浮动汇率制。但总的来看，主要发达国家都实行浮动汇率制，而且各国选择汇率制度的总趋势是实行钉住汇率制的国家越来越少，实行浮动汇率制的国家越来越多。因此，可以认为，当今的国际汇率制度是以浮动汇率为主的汇率制度多元化体系。尽管牙买加体系仍然没有从实质上解决布雷顿森林体系下的主要矛盾，但这种汇率体系顺应了世界经济动荡、多变和多极化发展的趋势，因而在一定程度上促进了世界经济的向前发展。

（2）在汇率理论方面。布雷顿森林体系解体之后，各主要国家陆续采取了浮动汇率制度。在浮动汇率制度下，汇率出现大幅度的震荡，给各国经济带来了很大的冲击。各种汇率理论如汇率制度选择理论、汇率决定理论、汇率政策理论等大量涌现。资本流动、预期等因素被进一步考虑到汇率理论模型之中。

世界经济进入20世纪70年代以后，"滞胀"严重困扰着各国政府，凯恩斯主义经济理论逐渐失去了其统治地位，货币主义占据了主流。与此相适应，汇率理论也更多地体现出货币主义色彩。随着国际金融市场一体化的空前发展和国际资本流动的大量增加，经济学家们的注意力更多地集中在资本项目上。因而，资产市场说在20世纪70年代后期成了汇率决定理论的主流。① 汇率资产市场说更强调了资本流动在汇率决定理论中的作用，汇率被看作是资产的价格，其大小由资产的供求来决定。依据本币资产和外币资产可替代性的不同，资产市场说可分为货币分析法和资产组合分析法。货币分析法假定本币资产与外币资产两者可以完全替代，而资产组合分析法假定两者不可完全替代。在货币分析法内部，依据对价格弹性假定的不同，又可分为弹性价格货币分析法与粘性价格货币分析法。

弹性的货币分析模型由卡甘（Cagan）的货币需求函数、货币市场均衡条件及购买力平价理论三者导出。它表明，本国与外国的国民收入水平、利率水平及货币供给水平通过各自对物价水平的影响而决定汇率水平。粘性的价格货币分析模型也称超调模型，于 1976 年由多恩布什（Rudiger Dornbusch）在其著名论文《预期和汇率动态》中提出。该理论认为，商品市场和资本市场的调整速度是不同的，商品市场价格水平具有粘性的特点，这使得购买力平价在短期内不能成立，经济存在着由短期平衡向长期平衡的过渡。在超调模型中，由于商品市场价格粘性的存在，当货币供给一次性增加后，本币的瞬时贬值程度大于其长期贬值程度，这一现象被称为"汇率的超调"。这一理论解释了浮动汇率制度下各国汇率水平剧烈波动的原因，开创了汇率动态学的理论分支。多恩布什的研究继承和发展了蒙代尔、弗莱明的理论，被称为"蒙代尔—弗莱明—多恩布什教义"，构成了开放宏观经济学的基本分析框架。

1977 年，布兰森（Branson）提出了汇率的资产组合模型。这一理论的特点是假定本币资产与外币资产是不完全替代物，风险等因素使非套补的利率平价不成立，从而需要对本币资产与外币资产的供求平衡在

---

① 王爱俭. 国际金融理论研究：进展与评述［M］. 北京：中国金融出版社，2005：6.

两个独立的市场上进行考察。该理论将本国资产总量直接引入了模型。本国资产总量直接制约着对各种资产的持有量，而经常账户的变动会对这一资产总量造成影响。这样，这一模型就将流量因素与存量因素结合起来。

20 世纪 80 年代中期，经济学家们开始积极讨论在主要货币之间确定汇率目标区以代替浮动汇率体系，由此产生了汇率目标区理论。对汇率目标区理论作出重要贡献的是威廉姆森（Williamson，1985）和克鲁格曼（Paul Krugman，1989，1991）等人，他们系统研究了汇率在目标区内的变化，旨在为各国的宏观经济政策和汇率政策协调寻找一种机制。[①]

20 世纪 90 年代以来，国际经济发展一体化的步伐明显加快，世界各国经济的对外开放成为不可阻挡的趋势，国际间经济政策协调与合作不断加强，汇率理论的研究进入一个全新的发展时期。整体上看，当代固定汇率制下的汇率理论的新发展主要体现在把汇率调整融入到政府政策优化分析的框架中进行研究。浮动汇率制下的汇率理论的新的发展主要体现在将经济学的最新发展应用到汇率理论研究中，如将预期、不完全信息、博弈论、有效市场理论、GARCH 模型、行为金融学理论等引入到汇率的分析当中。近年来，对于外汇市场微观结构理论的研究进入了新的阶段，主要是在对外汇市场的研究方面引入了法玛（Fama）的有效市场概念。但是，实证检验拒绝了有效市场的假说，经济学家们从外汇市场的"投机泡沫"、"比索问题"、"风险贴水"和"新闻模型"等来解释检验外汇市场的有效性失败。针对有效市场不能成立的现状，经济学家们从多个方面对原来的制约条件进行了修正，如私有信息的作

---

① 王爱俭. 国际金融理论研究：进展与评述 [M]. 北京：中国金融出版社，2005：7.

用、非同类市场交易者的影响以及市场交易机制的功能等。

另外，随着新兴市场的货币危机、转轨经济国家的经济体制改革以及欧元诞生等事件的发生，汇率制度的选择再次成为研究的热点。这一时期的汇率制度选择理论主要是围绕经济结构特征与汇率制度选择［普尔森（Poirson），2001］、经济冲击与汇率制度选择［沃尔夫（Wolf），2001］、政府信誉与汇率制度选择［马森（Masson），1999；弗兰克尔（Frankel），2000］、经济绩效与汇率制度选择［高斯（Ghosh），1997；爱德华兹（Edwards），1999］等方面展开的。在此基础上，关于汇率制度选择的几个假说被提出，即"原罪论"［汉斯曼（Hausman），2000］、"中间空洞论"［罗格夫（Rogoff），1995；萨蒙（Sumer），2000；费雪（Fischer），2001］、"恐惧浮动论"［卡尔夫（Calvo），2000；瑞哈特（Reinhart），2000］等（参见附录 B）。与此同时，对汇率制度转换理论的研究也逐步展开。[①]

（3）在汇率政策与措施方面。第一，承认浮动汇率的合法性，成员国可以自由选择汇率制度。具体包括：承认固定汇率和浮动汇率制度同时并存；成员国的汇率政策应受 IMF 监督，并与 IMF 协商；实行浮动汇率制的成员国应根据经济条件逐步恢复固定汇率制，并防止采取损人利己的货币贬值政策。

第二，国际收支调节方式多样化。可以灵活运用汇率机制、利率机制、国际货币基金组织的贷款援助、国际金融市场及商业银行的融资手段等对国际收支失衡加以调节。

第三，国际储备货币多元化。除了黄金、美元和特别提款权之外，

---

① 王爱俭. 国际金融理论研究：进展与评述［M］. 北京：中国金融出版社，2005：9.

各国还以欧元、英镑和日元等作为官方储备资产。①

第四，在汇率的稳定方面，主要是通过基本的货币政策和财政政策的稳定而不是通过钉住方式来实现。

3.2 国际主要货币的汇率管理技术及其演变

从国外来看，由于各个国家或地区自身的外汇市场发展水平与所采取的汇率制度不尽相同，因而其汇率管理的政策、目标也是不尽相同的，相应地，其汇率管理技术的水平也存在着很大的差异。这里主要就美元、日元、英镑与欧元等国际储备货币的汇率管理技术进行简要的分析。

3.2.1 美元汇率管理技术的演变

美国外汇市场是世界上最典型、最复杂、最有特色的市场。由于没有外汇管制，因此从理论上说，美国私人可以自由地进行外汇买卖。但在实践中，外汇业务一般要通过银行或金融期货市场进行。地区性或规模较小的商业银行并不直接参加交易，而是通过在几个金融中心的大银行代理进行外汇买卖。经纪人在美国外汇市场中的地位十分重要，银行间的国内外汇交易大多通过经纪人来完成。在美国，少数银行也进行直接交易，但是，如果交易双方都通过经纪人，法律上则禁止他们相互之间进行直接交易。相反，公司企业不能通过经纪人进行外汇经营活动，而必须与银行直接进行交易。美国银行与外国银行交易则以直接交易为主。

纽约是美国外汇业务中心，大部分交易都在各自设在纽约的总部或

---

① 沈国兵．国际金融［M］．北京：北京大学出版社，2008：473.

分行之间进行。纽约外汇市场上交易的 90% 以上是银行间交易，因而纽约外汇市场基本上是一个银行间市场。

美国官方对外汇市场的干预，主要通过纽约联邦储备银行进行。干预情况由纽约联邦储备银行按季度公布。干预的形式包括与商业银行直接交易，通过商业银行代理交易，或者以商业银行为代理机构间接干预经纪人市场。① 其中，以最后一种形式较为常见。

自 1973 年开始实行浮动汇率制度以来，美国的官方汇率干预是阶段性的，可以分为四个阶段②：

（1）汇率浮动之初，美国货币当局相信汇率干预时维持汇率稳定的有效政策，所以在 1973 年 5 月至 1981 年 3 月间，积极从事外汇市场干预。

（2）1981 年至 1985 年初，美元相对于其他货币升值超过 40%，1985 年初，美国贸易赤字达 1000 亿美元，美国联邦储备银行联合德国、日本中央银行干预外汇市场使美元贬值。

（3）1986 年初至 1995 年 8 月，美国官方干预有所增加。

（4）自 1995 年 8 月以来，美国干预汇率较少，其中 1998 年 6 月 17 日针对日元进行了一次干预。

整体来看，美国汇率管理技术处于世界最先进、最成熟的水平，具体包括美元篮子汇率指数技术、汇率衍生产品技术以及汇率风险管理技术等。这里将重点介绍美元篮子汇率指数技术。

美元篮子汇率指数是美联储每日公布的重要数据之一，并在日常的外汇市场行情分析中具有十分重要的地位。美元篮子汇率指数分为旧的

---

① 宋立刚. 外汇理论与预测方法 ［M］. 北京：中国人民大学出版社，1993：17.

② 丁剑平，等. 外汇市场微观结构理论与实证 ［M］. 北京：中国金融出版社，2006：233.

美元篮子汇率指数和新的美元篮子汇率指数：

（1）旧的美元篮子汇率指数①。G－10 汇率指数是自 1971 年布雷顿森林体系解体之后，被设计用于分析美元相对史密森协议其他 10 个重要参加国货币的汇率走势。它以 10 个国家（包括比利时、加拿大、法国、联邦德国、意大利、日本、荷兰、瑞典、瑞士和英国）的货币为篮子货币，以 1972 年至 1976 年这 10 个国家中每个国家的多边贸易份额为固定权重，将 10 个双边汇率折合成一个统一的汇率指数，从而反映了这些国家作为美国在全球金融市场上竞争对手的重要性。然而，随着国际贸易关系和国际金融市场结构的变化，上述 10 个国家以外的美国贸易伙伴国货币也被日益关注，尤其是欧洲经济与货币联盟的建立使上述 10 个国家内部发生了重大变化，欧元自 1999 年 1 月起开始流通，最终代替了上述 10 个国家中的 5 个国家币种。在这种情况下，1998 年 12 月，美联储正式停止使用 G－10 汇率指数。为了弥补美元汇率测算方面的缺陷，美联储决定以一种新的方式来计算美元汇率指数，并最终产生了现行的几种新的美元篮子汇率指数。

（2）新的美元篮子汇率指数②。在 G－10 汇率指数之后，美联储采用了三种新的美元篮子汇率指数，即美元兑主要货币汇率指数（the major currency index）、美元广义货币汇率指数（the broad index）和美元兑其他重要贸易伙伴货币汇率指数（the other important trading partner index, OITP）。与 G－10 汇率指数一样，这些新的汇率指数主要用来比较美国在国际市场上的竞争力，但与 G－10 汇率指数不同的是：首先，它们采用了不同的、非固定的国际贸易权重，以便更集中、全面和适时

---

① 戴世宏．一篮子汇率的理论与实践 [M]．北京：中国金融出版社，2007：117.
② 戴世宏．一篮子汇率的理论与实践 [M]．北京：中国金融出版社，2007：117.

反映美国产品不仅在美国国外市场，而且在美国国内市场上的贸易竞争力；其次，这些新的汇率指数以更广义的篮子货币为基准来观察分析美元汇率的走势，从而适应了新的贸易格局和国际经济发展的新形势。

新的美元汇率指数是对应着三组篮子货币而发展起来的，三种新指数的币种选择原则就是在众多美国重要贸易伙伴国中，将更多、更大范围的国家的货币纳入到指数体系中，从而在 G－10 指数的基础上加以拓展。其中，广义货币汇率指数对应的广义篮子货币是基础，其他两组是广义篮子货币的子集。

具体地说，广义货币汇率指数是从整体上分析和评价美国相对于各重要贸易伙伴国的贸易竞争力的指标，因此，各国对美国贸易份额的大小在很大程度上决定了广义货币汇率指数的货币选择。

主要货币汇率指数不仅用于测算美国产品相对于主要工业国家产品的竞争力，而且还作为评估美元所承受外汇压力的分析工具。因此，主要货币汇率指数所包括的货币是那些能够在国际金融市场上自由流通并被广泛接受的、能够随时获取其短期和长期利率的货币。

其他重要贸易伙伴货币的汇率指数（OITP）所对应的篮子货币包括广义篮子货币中除主要货币以外的货币。这些货币都是美国重要贸易伙伴的货币，但这些货币不能在本土之外自由流通，它具体包括美国 19 个①重要贸易伙伴的货币。

新的篮子货币汇率指数中权重是随着时间的变化不断调整的，每个名义汇率指数 I_t 的计算公式为

---

① 这 19 个国家和地区分别是拉丁美洲的阿根廷、巴西、智利、哥伦比亚、墨西哥、委内瑞拉；亚洲的中国、中国香港、印度、印度尼西亚、韩国、马来西亚、菲律宾、新加坡、中国台湾、泰国；中东的以色列、沙特阿拉伯；东欧的俄罗斯（资料来源：戴世宏．一篮子汇率的理论与实践［M］．北京：中国金融出版社，2007：119．）。

$$I_t = I_{t-1} \prod_j (e_{j,t}/e_{j,t-1})^{W_{j,t}}$$

式中，$e_{j,t}$是用货币 j 表示的在时间 t 的美元价格；$W_{j,t}$是在时间 t 货币 j 在美元汇率指数中的总贸易权重。基期名义汇率指数 I_0 是人为设定的一个特殊值。具体而言，名义货币汇率指数和名义 OITP 指数以 1997 年 1 月 1 日为基期；实际广义货币汇率指数、名义主要货币汇率指数、实际主要货币汇率指数和实际 OITP 指数以 1973 年 3 月 1 日为基期。它们的基期汇率指数都设定为 100。

3.2.2　日元汇率管理技术的演变

日本外汇市场主要在东京和大阪两地，集中了全国 99% 的外汇交易。其中，东京外汇市场最大。市场参与者包括外汇指定银行、外汇经纪人以及日本银行（日本中央银行）。

日本外汇市场没有官定价格。但是，每天上午，大多是银行之间经过讨价还价确定外汇市场定价，用以指导外汇交易。1984 年以来，日本外汇市场获得迅速发展。其原因是，日元升值后，日本的公司企业手中的资金骤增，急于用其多余的钱在外汇市场上进行投机交易。其结果是，银行的公司客户和外汇交易规模都迅速增加。日本外汇市场的交易货币集中于美元，美元兑日元买卖交易占交易总额的 95% 。

日本政府对外汇市场的干预，主要通过其中央银行——日本银行来进行。日本银行代表大藏省介入外汇市场，力图维持日元汇率的稳定。[①] 近年来，随着日元国际化的发展，日本银行更加经常地进入外汇市场实行干预。在日元贬值时，卖出美元，买入日元；在日元升值时，买入美元，卖出日元。同时，为了不影响国内货币供应量，多为冲销式

---

① 宋立刚. 外汇理论与预测方法［M］. 北京：中国人民大学出版社，1993：22.

干预。

日本银行干预外汇市场的特点是，基本只在日元升值时进行干预，在日元贬值时基本上是听之任之，只有在 1997 年亚洲金融危机后进行过为数不多的干预。

整体来看，日元汇率的管理技术已经获得了全面的发展，下面重点介绍一下日元篮子货币汇率指数技术。

日元篮子汇率的主要用途是衡量日本产品的国际竞争力，所以在篮子货币构成上，主要选择日本重要贸易伙伴的货币。具体来说，它包括占 2000 年日本总出口不少于 1% 份额的国家和地区的货币。2000 年 1 月以前，有 25 个[①]国家和地区的货币被纳入到日元篮子汇率的计算中。2000 年 1 月后，欧元取代了德国马克、法国法郎、荷兰盾、比利时法郎、意大利里拉、西班牙比塞塔、奥地利先令和葡萄牙埃斯库多等；并且从 2000 年 1 月起，由于出口份额小于 1%，丹麦克朗、瑞典克朗、挪威克朗、印度卢比和瑞士法郎被排除在外，而菲律宾比索和墨西哥比索被纳入了指数计算。这样，自 2000 年 1 月起，只有 15 种货币（其中包括 12 个欧盟国家）被纳入名义和实际日元篮子汇率指数。日元兑每种货币的汇率数据来自日本银行国际部发布的官方参考汇率，它等于每月汇率的平均值。日元篮子汇率的计算公式是把日元兑各国货币的汇率，结合相应年度各国的权重，进行几何加权平均得到的一个指数。具体公式如下：

$$CI_{t,m} = I_{1974,1}^{1973} \times I_{1975,1}^{1974} \times I_{1976,1}^{1975} \times \cdots \times I_{t,1}^{t-1} \times I_{t,m}^{t}$$

---

① 它们分别是：美元、加拿大元、英镑、德国马克、瑞士法郎、法国法郎、荷兰盾、比利时法郎、丹麦克朗、挪威克朗、瑞典克朗、澳大利亚元、意大利里拉、奥地利先令、港元、马来西亚林吉特、新加坡元、西班牙比塞塔、泰铢、韩元、新台币、印度卢比、葡萄牙埃斯库多、印尼盾和中国人民币（资料来源：戴世宏. 一篮子汇率的理论与实践 [M]. 北京：中国金融出版社，2007：139.）。

式中，$I_{t,1}^{t-1}$ 是根据 $t-1$ 年权重数据加权计算的 $t-1$ 年 1 月到 t 年 1 月日元双边汇率变动率；$I_{t,m}^{t}$ 是根据 t 年权重数据加权计算的 t 年 1 月到 m 月日元双边汇率的变动率。$I_{t,1}^{t-1}$ 和 $I_{t,m}^{t}$ 的计算公式①分别为

$$I_{t,1}^{t-1} = \prod_{j} (e_{j,t-1}/e_{j,t,1})^{w_{j,t-1}}$$

$$I_{t,m}^{t} = \prod_{j} (e_{j,t,m}/e_{j,t,1})^{w_{j,t}}$$

式中，$e_{j,t,m}$ 是 t 年 m 月日元相对于 j 国货币的名义利率；$w_{j,t}$ 是 t 年 j 国所占权重。日元实际篮子汇率的计算公式可以由名义篮子汇率公式调整得出。日元名义和实际汇率的基期均为 1973 年 3 月，也就是日本开始采用浮动汇率制的时间，基期指数为 100。

3.2.3 英镑汇率管理技术的演变

伦敦是世界上最大的外汇市场之一。英国的外汇交易完全集中在伦敦外汇市场进行。英国凭借其优越的地理位置、悠久的国际金融关系、长期积累下来的外汇业务经验与技巧，以及 20 世纪 50 年代末期欧洲美元市场在伦敦的兴起，使得伦敦外汇市场在世界上占有举足轻重的地位。

伦敦外汇市场大致可以分为四种类型：国内储蓄银行、商人银行、英国银行的海外分行和外国银行在伦敦的分行。在伦敦市场上，不允许银行从事直接的交易，所有外汇买卖都要通过经纪人进行。经纪人每天直接向英格兰银行提供报告。英格兰银行则对其全部外汇业务进行监督，并成立伦敦外汇银行公会和外汇经纪人公会，负责制定参与市场的交易规则，协调交易各方的关系。

---

① 戴世宏. 一篮子汇率的理论与实践 [M]. 北京：中国金融出版社，2007：142.

英国官方对外汇市场的干预，主要由英国的中央银行——英格兰银行进行。英格兰银行代表英国财政部管理"外汇平衡账户"，对外汇市场实行干预，以稳定英镑汇率①。其干预形式是通过某一商业银行间接干预，但必要时也直接向经纪人公布所接受的汇率和买卖数量，以影响市场心理，继而达到干预外汇市场的目的。1979 年 10 月，英国完全取消外汇管制，英格兰银行对外汇市场的管理则转为对银行业务实行一般监督而实现。此外，英格兰银行还为外国政府部门、中央银行或其他货币机构进行外汇交易。

整体来看，英镑汇率的管理技术已经获得了全面的发展，这里重点介绍一下英镑篮子汇率指数技术②。

英格兰银行一直是根据国际货币基金组织给出的贸易权重来计算、公布英镑相对于一篮子货币的价值，即英镑篮子汇率指数。其目的是为了衡量其对英国货物贸易和服务贸易的影响。因此，英镑篮子中各种货币的权重需要反映英国各个贸易伙伴的相对重要性。英镑篮子汇率指数中的权重是以 1989—1991 年制成品贸易格局为基础计算出来的，其上一次更新是在 1995 年。但是，由于贸易格局发生了较大变化，旧的贸易权重已经不合时宜，尤其不能反映近年来英国与亚洲国家的贸易增长。2005 年，英格兰银行采用了新权重来计算新英镑篮子汇率。其权重的主要特点是：数据每年更新一次，从而将每年的指数"链环"起来，所涵盖的国家将根据贸易格局的变化而进行变动，而且将服务贸易涵盖在内。其具体的汇率指数计算方法同国际货币基金组织篮子汇率的计算方法相似，具体内容可参见附录 D，这里不再赘述。

---

① 宋立刚. 外汇理论与预测方法［M］. 北京：中国人民大学出版社，1993：18.
② 戴世宏. 一篮子汇率的理论与实践［M］. 北京：中国金融出版社，2007：187.

3.2.4 欧元汇率管理技术的演变

早在 1972 年 3 月，欧洲共同体六国开始实行汇率的共同浮动，其货币汇率波动幅度上下各为 2.25%，即在 4.5% 的范围内波动，被称为"蛇型浮动"。1978 年 7 月，欧洲共同市场九国召开政府首脑会议，同意通过创建欧洲货币体系（EMS）来增进各国之间在货币领域的合作。1979 年 3 月，欧洲货币体系正式运行，与此同时，"蛇型浮动"宣告结束。

按照欧洲共同体委员会的观点，建立欧洲货币共同体的目的在于为共同体各国货币稳定提供更多的手段。因此，欧洲货币体系的核心就是在相互间建立一个固定的但可调整的汇率制度。主要内容包括：

（1）创设欧洲货币单位（ECU）。实际上是共同体国家内部使用的货币记账单位，由共同体各国货币混合组成的一篮子货币构成。各国货币的比重，主要依据各国国内生产总值和贸易额的大小决定。欧洲货币单位是欧洲货币体系的核心，是决定成员国货币强弱和汇率平价的标准和计算工具。

（2）建立双重的中心汇率制度。规定成员国对外继续实行联合浮动汇率制，被称为"超蛇型浮动"[1]；对内则实行固定汇率，并建立平价网和货币—篮子双重体制，干预外汇市场，维持汇率稳定。

（3）建立欧洲货币基金，对外汇市场进行干预，以应对外汇市场上的投机活动，维护汇率的稳定。

3.2.4.1 欧盟的诞生

1992 年 2 月《马斯特里赫特条约》[2]（以下简称《马约》）签订后，

---

[1] 宋立刚．外汇理论与预测方法 [M]．北京：中国人民大学出版社，1993：190.

[2]《马斯特里赫特条约》1991 年 12 月经欧共体国家及政府首脑批准，1992 年 2 月签署，于 1993 年 11 月 1 日正式生效。

欧洲共同体更名为欧盟。《马约》的签订是欧洲经济与货币一体化发展进程中具有重大意义的事件，标志着欧洲的政治、经济和货币一体化向前迈进了一大步。在《马约》的总则中明确规定：

（1）在密切协调成员国经济政策和实现欧洲内部统一大市场的基础上，针对成员国本着开放和自由竞争的市场经济原则所拟定的共同目标，制定共同的经济政策。

（2）规定各成员国货币的兑换率，为最终实现实行单一货币的目标创造条件。

（3）制定并且推行旨在实行单一货币的统一的货币政策，以保障经济的稳定增长。

（4）建立一个旨在执行共同货币政策的欧洲中央银行。

3.2.4.2　欧元的诞生及其过渡期安排

1995 年 12 月，欧盟马德里首脑会议批准了向单一货币过渡的方案及时间表。该方案将欧元诞生分为三个阶段：筹备阶段、过渡阶段和正式启用阶段。

1999 年 1 月 1 日，欧元正式诞生。1999 年实施的新的汇率机制，制定了各成员国中央银行的汇率和欧洲中央银行新汇率之间的运行程序。① 其具体的汇率管理技术主要有以下四点：

（1）汇率机制的结构。新的汇率机制及所谓的"中心与外围"模式，以欧元为汇率机制的中心和记账单位，同尚未加入欧元的成员国建立双向汇率机制，现存的多边平准汇率机制将不复存在。

（2）中心汇率和波动幅度②。新汇率机制要求以欧元为汇率中心，

① 周文贵，等. 国际货币制度论［M］. 广州：中山大学出版社，2003：262.
② 王爱俭. 欧元发展趋势与中国［M］. 北京：中国金融出版社，2000：24.

尚未加入欧元区的成员国与欧元之间的汇率在15%以内上下波动。

（3）对汇率体系的管理。欧洲中央银行常任理事会全权负责管理汇率体系的日常事务，并负责协调加入欧元国与尚未加入欧元国的成员国之间的货币政策。欧元启动后，欧元区各国货币保持了稳定的相互兑换比率。其意义在于将各成员国的货币都固定在一个货币篮子里，对欧元区以外的货币实行联合浮动。

（4）干预和金融支持。如果欧洲中央银行难以达到稳定价格的目标，或者尚未加入欧元的成员国陷入危机，欧盟的干预也就成为不可避免的了。另外，对金融干预的融资支持也维持一段时期。

从1999年1月1日到2001年12月31日，是欧元正式启用前的过渡期。在这个过渡期内，欧元还是账面上的货币，欧元区11个成员国①现有的法定货币仍然可以流通，只不过它们是作为欧元的子货币而存在。它们与欧元的兑换率是1999年元旦固定下来的，这个兑换率不再更改。

3.2.4.3　欧元正式流通下的汇率管理

2002年1月1日，欧元正式进入流通领域后，欧洲中央银行的汇率政策主要有：为保证欧洲中央银行有能力实施外汇政策，《马约》规定所有成员国应把一定的外汇储备移交给欧洲中央银行管理，但金额不超过500亿欧元。对剩下的外汇储备，各成员国中央银行应遵循欧洲中央银行所制定的指导原则来管理，以避免出现相抵触的情况。当欧洲中央银行决定对外汇市场进行干预时，它可以用自己的外汇储备直接入市，也可以指示各成员国中央银行联合行动。

---

① 1998年5月，欧盟布鲁塞尔首脑会议确定了欧元11个创始国，即德国、法国、意大利、奥地利、比利时、西班牙、爱尔兰、卢森堡、荷兰、芬兰和葡萄牙，并且确定了欧洲中央银行首任行长，成立了欧洲中央银行执行委员会，从而标志着欧洲货币联盟筹备阶段开始。

另外，欧盟内部已经同意建立一个正式的新的汇率安排，即所谓的"汇率机制Ⅱ"。在该机制下，对于那些希望参加一个新的汇率机制的欧元区以外欧盟国家，可设定以欧元表达的本币中心汇率，上下各有15%的浮动区域。① 这一汇率安排从三个方面为欧洲中央银行货币政策的独立性提供了明确的保护。第一，欧洲中央银行是汇率安排的参加方；第二，如果货币政策的完整性受到威胁，欧洲中央银行可以中止自己的干预和融资两项义务；第三，欧洲中央银行也有权在必要的时候，同其他参加方一起对汇率安排进行必要的调整和修改。

整体来看，欧元汇率管理技术的发展虽然起步较晚，但发展速度快，现已形成较为全面的管理技术。这里不再赘述。

3.3　人民币汇率管理技术的演变历程

自新中国成立以来，人民币汇率管理技术的演变历程大体上可归纳为四个阶段，即萌芽时期、起步发展时期、徘徊发展时期和快速发展时期。

3.3.1　人民币汇率管理技术的萌芽时期

中国改革开放前（1949—1978 年底的计划经济时期）的人民币汇率管理技术大致处于一个萌芽时期。这一时期的汇率制度先后经历了没有真正的汇率制度、可调整固定汇率制度和钉住货币篮子制度三个阶段。

第一阶段（1949—1952 年底），没有真正的汇率制度。从国际经济环境来看，新中国刚刚成立，中国尚未得到西方资本主义国家的承认，

---

① 王爱俭. 欧元发展趋势与中国［M］. 北京：中国金融出版社，2000：91.

处于被封锁状态，也谈不上和这些国家进行正常的经贸往来。从国内经济环境来看，我国尚处于国民经济恢复时期，经济运行很不稳定，物价起伏较大，对外贸易工作刚刚起步、尚未步入正轨，侨汇是当时我国外汇收入的重要来源。这一阶段，政府目标函数很大程度上取决于当时的国际与国内经济环境，人民币汇率政策目标主要是维护国内经济和政治稳定，顺应经济发展和侨汇需要。当时，人民币汇率多达几十个，并没有形成一个全国统一的人民币汇率。因而，这时的人民币汇率制度尚处于起步阶段，没有真正的汇率制度。

第二阶段（1953—1973 年），可调整固定汇率制或可调整钉住汇率制。这一阶段，我国成功地完成了社会主义经济改造，过渡到社会主义经济建设时期。而且，1955 年，中国人民银行发行了新版人民币，形成了全国统一的人民币，克服了旧人民币面额过大、汇率混乱不统一、不利于对外贸易发展等内在的缺陷。但是，这一阶段，我国借鉴苏联模式，建立了高度集中的中央计划经济体制，政府当局否定了社会主义经济的商品属性，排斥市场机制的作用。相应地，政府目标函数中意识形态刚性决定人民币汇率政策目标，结果，人民币汇率与市场严重脱离，仅作为一种计划手段和记账单位，汇率已丧失应有的经济意义。并且，人民币汇率被长期高估，很难起到调节对外经济贸易的杠杆作用。

第三阶段（1973—1978 年底），钉住货币篮子。从国际经济环境来看，由于美元危机和石油危机的双重打击，布雷顿森林体系下的可调整固定汇率制度已经崩溃，资本主义国家普遍实行了浮动汇率制。从国内经济环境看，我国仍实行高度集中的计划经济，因而政府目标函数要求人民币汇率保持稳定，但是由于受到国际经济环境变动冲击的影响，我国政府已经意识到人民币汇率在经济和对外贸易的重要性。因此，政府在权衡稳定与效率之后，决定人民币汇率采用钉住货币篮子，即按照各种外币的重要程度规定其在特定"货币篮子"的权数，使用加权平均法算出人民币对美元的汇率作为基本汇率，然后再套算出人民币对其他外币的汇率。

从整体上看，这一时期的人民币汇率制度从属于高度计划经济特别是计划贸易政策，主要表现为汇率高度稳定、汇率变化与市场供求无关、汇率的作用仅仅作为连接外贸与国内经济的一种计划手段和记账单位，没有重视汇率应有的经济杠杆作用。这时期，对外贸易由外贸部所属的进出口公司垄断，按照国民经济计划而统一制订的贸易计划执行进口和出口计划，出口是为了进口，进口主要是为了填补国内生产能力和需求的缺口。外贸公司的出口创汇一律上缴国家，进口所需外汇由国家按计划统一拨付，其进出口经营出现的亏损由国家财政来弥补。因而，人民币汇率可以定在任意水平，反映不出资源的稀缺程度，也不会影响国内价格水平和进出口，仅仅作为编制计划和会计核算的工具，与对外贸易联系并不密切，只有在外币升值或贬值时，人民币官方汇率才作相应的调整。因此，这一时期的汇率管理技术基本上处于一个萌芽状态。

3.3.2　人民币汇率管理技术的起步发展时期

中国改革开放后（1979—1993 年的经济转轨时期）的人民币汇率管理技术大致处于一个起步发展时期。这一时期的汇率制度主要经历了 1978 年至 1984 年的从单一汇率到复汇率再到单一汇率的变迁和 1985 年至 1993 年的官方牌价与外汇调剂价格并存的双重汇率制度两个阶段。

第一阶段（1979—1984 年底），官方汇率与贸易内部结算价并存的双重汇率制度时期。从国际经济环境来看，我国与西方国家逐步建立了正常的贸易往来，并且，1980 年我国恢复了在国际货币基金组织中的地位。按照 IMF 的有关规定，其会员国可以实行多种汇率，但必须尽量缩短向单一汇率过渡的时间。从国内经济环境来看，经济改革激发了众多学者对人民币汇率政策的争论，一方主张贬值，另一方主张进一步升值。1979 年 8 月，国务院决定改革外汇管理体制，除官方汇率外，决定从 1981 年 1 月 1 日起开始试行贸易内部结算汇率，从而形成了人民币双重汇率。而双重汇率被国际社会认为是贸易不公平的主要表现形式，因而常常成为西方国家对我国实行经济报复的借口。

1979 年 8 月，国务院决定改革外贸体制，包括打破外贸垄断经营、建立外贸企业自我运行机制、改革进出口和外汇管理体制、消除价格和汇率扭曲等。为促进出口、平衡外汇收支，我国实行外汇留成制度，即对外贸易单位和出口生产企业把收入的外汇卖给国家，国家按一定的比例拨给他们相应的外汇留成。而且，自 1981 年 1 月 1 日起，试行人民币对美元的贸易结算价，规定贸易内部结算价为 1978 年出口商品平均换汇成本 2.53 元人民币/美元加上 10% 的出口利润，人民币对美元的内部折算率为 1 美元等于 2.8 元人民币，相对于 1980 年底的 1.53 元人民币/美元的官方汇率，人民币下浮了 45.3%。贸易内部结算价限于进出口贸易外汇的结算，而官方汇率主要适用于旅游、运输、保险等劳务项目和经常转移项目下的侨汇等外汇结算。贸易内部结算价一直实行至 1984 年 12 月 31 日，4 年保持不变。可见，当时人民币汇率制度服从外贸体制改革。

第二阶段（1985—1993 年），官方汇率与外汇调剂市场汇率并存的双重汇率制度。这一阶段又可分为两个区间，即 1985—1991 年的有限灵活汇率制度，1991—1993 年的外汇调剂市场汇率主导的浮动汇率制度。

1985 年 1 月，我国取消贸易内部结算价，实行第一次汇率并轨，恢复单一汇率。1984 年，中国开始工资改革，导致物价上涨；1985 年，通货膨胀率为 9.3%，出口平均换汇成本从 1984 年的 2.80 元人民币/美元上升到 3.10 元人民币/美元。1984 年，贸易收支出现逆差。为了促进出口、改善贸易收支，1985 年，人民币汇率持续下浮，人民币对美元汇率从 1985 年 1 月 1 日的 1 美元兑 2.8 元人民币下浮到 1985 年 10 月 30 日的 1 美元兑 3.1983 元人民币，下浮了 12.45%。1986 年 7 月 5 日，人民币官方汇率开始钉住美元，持续到 1991 年 4 月 9 日实行有管理的浮动运行机制为止。1986 年 9 月 26 日，人民币官方汇率从 1986 年 7 月 5 日的每美元 3.7036 元人民币下浮至 1 美元兑 3.7221 元人民币，一直保持到 1989 年 12 月 15 日。1989 年 12 月 16 日，人民币对美元下浮了 21.2%，从 1 美元兑 3.7221 元人民币下浮至 1 美元兑 4.7221 元人民币，而 1990 年 11 月 17 日又下浮至 1 美元兑 5.2221 元人民币。人民币对美元汇率的下浮目的是为了促进我国的出口。1990 年 12 月 9 日，我国宣布，从 1991 年起进一步改革和完善对外贸易体制，其核心是按照国际惯例，取消出口补贴，企业经营自负盈亏。为此，调整官方汇率与外汇留成比例。1991 年 4 月 9 日，我国改革人民币汇率制度，实行人民币官方汇率有管理的浮动运行机制。其基本特点是，依宏观经济发展状况，特别是对外贸易的发展情况，对人民币官方汇率进行适时适度、机动灵活、有升有降的浮动调整。自 1991 年 4 月 9 日起，改变人民币官方汇率大幅度、跳跃式调整的方式，采用小幅、微调的方式，其目的是使人民币汇率达到合理水平。

1992 年初邓小平视察南方之后，我国将建立社会主义市场经济作为经济体制改革的最终目标。为了恢复在关贸总协定中的成员国地位，我国在 1992 年两次降低进口关税。放宽进口的措施，加上经济增长速度的加快，1992 年，我国进口增长了 26.3%，进口增长导致外汇需求上升。1992 年 4 月，外汇调剂市场的平均汇率为 1 美元兑换 6.07 元人民币。1993 年 2 月，外汇调剂市场的平均汇率达 1 美元兑换 8.38 元人民币，而且外汇"黑市"的交易日益上升。1993 年 2 月，国家外汇管理局对外汇调剂市场实行最高限价，这一措施使得外汇调剂市场交易萎缩，外汇管理局不得不在 1993 年 6 月取消最高限价，结果限价所释放的外汇需求使外汇调剂价格突破 1 美元兑换 10.00 元人民币，6 月外汇调剂市场的平均汇率为 1 美元兑换 10.61 元人民币，同期的人民币官方汇率为 1 美元兑换 5.7513 元人民币。1992 年 4 月至 1993 年 12 月，外汇调剂市场人民币汇率经历了急剧波动，主要原因是，宏观经济不稳定，固定资产投资过热导致信贷膨胀，消费价格上升过快，进口需求过快，导致外汇需求过大，从而使外汇调剂市场剧烈波动。尽管政府采取最高限价、入市干预等措施，事实表明，这些措施难以达到稳定汇价的目标。另外，造成外汇调剂市场价格剧烈波动的可能是外汇调剂市场汇率本身不合理，当进口需求上升时，汇率本应作相应的调整。

官方汇率与外汇调剂汇率并存的汇率双轨制不符合国际惯例，不利于我国对外正常的经贸往来，并且对我国加入世界贸易组织也是不利的。因此，进行外汇管理体制改革，尽快结束汇率双轨制、实行单一汇率制势在必行。

总之，随着社会主义市场经济体制的逐步确立，市场机制正日益融入人民币汇率的形成机制之中，政府的目标函数主要在稳定与效率之间的两难抉择。这期间，围绕汇率制度选择、汇率政策制定以及汇率形成机制等进行了广泛的讨论和争论，因而在一定程度上刺激了人民币汇率管理技术的发展。因此，这一时期的汇率管理技术处于一个起步发展状态。

3.3.3　人民币汇率管理技术的徘徊发展时期

中国汇率并轨后（1994—2005 年的社会主义市场经济初期）的人民币汇率管理技术大致处于一个徘徊发展时期。这一时期大致又可以分为三个阶段：

第一阶段（1994—1997 年），1994 年汇率并轨以后，我国实行了以市场供求为基础的、单一的、有管理的浮动汇率制度。从国际经济环境来看，市场经济已经在全球范围内得到了极大程度地扩展，特别是信息技术和互联网的迅猛发展，更使得世界经济呈现出全球化的发展趋势。我国要融入经济全球化、发展市场经济，就必须按照国际惯例改革我国外汇管理体制，尽快结束人民币汇率双轨制的现象。从国内经济环境来看，我国社会主义市场经济体制已初步确立，官方汇率与外汇调剂汇率并存的汇率双轨制引发的问题越来越突出。在此情况下，政府目标函数发生了重大变化，直接决定着我国外汇管理体制变革。1993 年 12 月 28 日，国务院印发了《关于加快外汇管理体制改革的通知》；12 月 29 日，中国人民银行公布了《关于进一步改革外汇管理体制的公告》，宣布从 1994 年 1 月 1 日起，对我国外汇管理体制进行重大改革，其主要措施包括：

（1）从 1994 年 1 月 1 日起，取消外汇调剂市场和人民币外汇调剂市场汇率，实行人民币官方汇率与外汇调剂市场汇率并轨。并轨后的人民币汇率实行"以市场供求为基础的、单一的、有管理的浮动汇率制度"。

（2）取消外汇留成制度，实行银行结售汇制度，允许人民币在经常账户下有条件可兑换。

（3）建立银行间外汇市场等。

（4）严格外债管理，建立偿债基础。

（5）取消境内外币计价结算，禁止外币在境内流通。

（6）加强国际收支的宏观管理。

为了保证人民银行对汇率波动的有效控制，设计者还从三个方面对外汇交易和外汇市场进行了相应的安排，从而形成了"三位一体"的人民币汇率形成机制。一是通过银行结售汇、外汇指定银行的头寸上限管理以及资本账户的严格管制，政府有效地控制了企业、银行和个人对于外汇的供给和需求，从而在根本上限制了人民币汇率的浮动幅度。二是在银行间外汇市场上，通过向外汇指定银行提供基准汇率并要求其遵守浮动区间限制，从操作层面上进一步控制了人民币过度浮动的可能性。具体地讲就是，中国人民银行根据前一日银行间外汇市场的加权平均价，公布当日人民币汇率的基准汇率（中间价），然后各外汇指定银行再以此为依据，在规定的浮动范围内自行挂牌确定其对客户买卖外汇的汇率。三是中国人民银行有义务对外汇市场进行必要的干预，以便将人民币汇率维持在所期望的水平上。这一汇率制度的特点可以概括为四个方面：

（1）汇率形成是以外汇市场供求关系为基础的；

（2）是统一的汇率；

（3）汇率可以在规定的幅度内浮动；

（4）是有管理的汇率。

但是，由于实行银行强制性结售汇制度，因而仅在狭义的外汇市场——银行间外汇市场实现了汇率市场化，人民币汇率并未实现完全意义上的汇率市场化。

在1994年外汇体制改革取得成功的基础上，为了尽快、平稳地实现人民币经常项目改革的目标，中国人民银行在1996年宣布了一系列外汇体制改革的措施。

（1）1996 年 1 月 29 日，中国人民银行颁布《中华人民共和国外汇管理条例》，从当年 4 月 1 日起正式实施，消除了若干经常项目下非贸易、非经营性交易的汇兑限制。

（2）1996 年 5 月 13 日，国家外汇管理局发布《境内居民因私兑换外汇办法》，从当年 7 月 1 日起正式实施，消除了对因私用汇的汇兑限制，扩大了供汇标准，超过标准的购汇在经国家外汇管理局审核真实性后即可购汇。

（3）1996 年 6 月 26 日，中国人民银行颁布《结汇、售汇及付汇管理规定》，将外商投资企业纳入银行结售汇体系，并宣布将消除尚存的少量汇兑限制，清理相关法律法规，于 1996 年底之前实现人民币经常项目的可兑换，提前达到国际货币基金组织协定第八款的要求。到 1996 年 12 月 1 日，这一目标已圆满实现。

1996 年 12 月，我国政府正式宣布人民币经常账户下可自由兑换。但在资本项目下的自由兑换仍然没有放开。但不管怎么说，随着社会主义市场经济体制的建立与完善，市场机制正日益融入人民币汇率的形成机制之中。实践证明，这一汇率制度符合中国国情，为中国经济的持续快速发展，为维护地区乃至世界经济金融的稳定作出了积极贡献。在这一汇率安排开始实施的头三年（1994—1996 年），伴随着国际收支"双顺差"的不断增加和中国人民银行的适度干预，人民币汇率呈现出稳步上升的势头，对美元的比价从 1:8.7 上升到 1:8.3，从而成功地体现了"有管理浮动汇率制度"的特点。

第二阶段（1997—1999 年），1997 年爆发的亚洲金融危机在短时间内改变了我国国际收支"双顺差"格局，使人民币一度处于贬值的压力之下。为了维持人民币汇率稳定，中国人民银行加强了对外汇市场的干预，主动收窄了人民币汇率浮动区间，在随后的三四年里，使得人民币对于美元的汇率处于十分稳定的状态，失去了应有的灵活性。这在很大程度上归因于亚洲金融危机造成的国际与国内经济环境压力，力促人民币不贬值。更重要的是，由于受东南亚金融风暴破坏性影响的震动，政府目标函数中稳定胜过了效率。虽然人民币汇率名义上仍然实行的是有管理的浮动汇率制，但实际上已经呈现出单一钉住汇率制。这种情况就与当初设计的"有管理的浮动汇率制度"产生了某种偏离。人民币长时间的固定不变，使人民币汇率制度主要呈现出两大特点：一是单一钉住美元；二是"过度"窄幅波动。这在事实上使人民币汇率制度异化为固定的钉住汇率制度，导致人民币汇率的"市场供求决定"和"浮动"的特征没有真正体现出来。其结果是，不仅影响了人民币汇率管理和调控的主动性，而且在很大程度上淡化了经济主体的汇率风险意识。

第三阶段（2000—2005 年 6 月），进入 2000 年以来，人民币升值问题开始受到广泛的关注。早在 2000 年 10 月 27 日，中美财政部长举行了关于中国加入世贸组织的会谈后发表的联合声明就已指出："中美双方均认为，中国采取更有弹性的汇率政策极其重要。"① 2003 年 9 月 2 日，美国财政部长斯诺访华，人民币升值问题成为主要议题。以此为契机，人民币升值问题演变为世界货币讨论中的一个热点，其结果是，从 2004 年起，七国财长会议总是邀请中国方面参加，人民币的国际地位明显提高。但同时，我国的货币当局也承受着越来越大的人民币升值压力。其压力既有内部压力又有外部压力，内部压力主要来源于持续的国际收支顺差和银行间市场上外汇供大于求；外部压力主要来自于美国，

---

① 中美财长会谈发出信息：人民币汇率将更具弹性［N］. 解放日报，2000 – 10 – 30.

例如，2005 年 4 月 6 日，美国参议院通过一项修正案，要求人民币在 6 个月内升值，否则将对中国进口商品征收 27.5% 的惩罚性关税。[①] 因此，这一时期的汇率管理技术处于一个徘徊发展状态。

3.3.4　人民币汇率管理技术的快速发展时期

中国汇制改革后（2005 年 7 月至今的全面建立社会主义市场经济时期）的人民币汇率管理技术大致处于一个快速发展阶段。随着亚洲金融危机的影响逐步减弱，近年来，我国经济持续平稳较快发展，经济体制改革不断深化，金融领域改革取得了新的进展，外汇管制进一步放宽，外汇市场建设的深度和广度不断拓展，为完善人民币汇率形成机制创造了有利条件。新的汇率形成机制以市场供求关系为基础，参考一篮子货币进行调节，大大增加了人民币汇率弹性，扩大了汇率浮动区间，同时也对汇率管理提出了更高的技术要求。因此，这一时期的汇率管理技术将处于一个快速发展状态。其具体可以分为两个阶段：

第一阶段（2005 年 7 月 21 日至 2008 年 9 月 15 日国际金融危机全面爆发），这一时期的人民币汇率管理技术主要体现在一系列的汇率改革政策与措施之中。

例如，2005 年 7 月 21 日，新的人民币汇率形成机制改革的主要内容包括以下几个方面：

第一，自 2005 年 7 月 21 日起，我国开始实行以市场供求为基础、参考一篮子货币进行调节、有管理的浮动汇率制度。人民币汇率不再盯住单一美元，而是参考一篮子货币，同时根据市场供求关系进行浮动，形成更富弹性的人民币汇率制度。

---

① 人民币汇率问题大事记 [N]. 国际金融报，2005 - 04 - 29.

第二，中国人民银行于每个工作日闭市后公布当日银行间外汇市场美元等交易货币对人民币汇率的收盘价，作为下一个工作日该货币对人民币交易的中间价格。

第三，2005 年 7 月 21 日 19 时，美元对人民币交易价格调整为 1 美元兑换 8.11 元人民币，即人民币对美元一次性升值 2%。这一价格作为次日银行间外汇市场上外汇指定银行之间交易的中间价，外汇指定银行可自此时起调整对客户的挂牌汇价。

第四，现阶段，每日银行间外汇市场美元对人民币的交易价仍在人民银行公布的美元交易中间价上下 0.3% 的幅度内浮动，欧元、日元和港元等非美元货币对人民币的交易价在人民银行公布的该货币交易中间价上下 3% 的幅度内浮动。

第五，中国人民银行将根据市场发育情况和经济金融形势，适时调整汇率浮动区间。

为贯彻这次汇率改革的主动性、可控性和渐进性原则，2005 年 8 月，中国人民银行在银行间人民币远期市场率先推出了场外交易。为了进一步发展外汇市场、完善人民币汇率形成机制、提高金融机构核心竞争力，中国人民银行发布公告：自 2006 年 1 月 4 日起，在银行间即期外汇市场上引入询价交易方式（简称 OTC），改进人民币汇率的中间价的形成方式。银行间外汇市场参与主体可在原有集中授信、集中竞价交易方式的基础上，自主选择双边授信、双边清算的询价交易方式。此举旨在完善人民币汇率形成机制，为外汇市场主体提供多样的交易模式。主要内容[①]有：

第一，自 2006 年 1 月 4 日起，在银行间即期外汇市场上引入 OTC

---

① 沈国兵. 国际金融 [M]. 北京：北京大学出版社，2008：348.

方式，同时保留撮合方式。银行间外汇市场交易主体既可选择以集中授信、集中竞价的方式交易，也可以选择以双边授信、双边清算的方式进行询价交易。同时，在银行间外汇市场引入做市商制度，为市场提供流动性。

第二，自2006年1月4日起，中国人民银行授权中国外汇交易中心于每个工作日上午9时15分对外公布当日人民币对美元、欧元、日元和港元汇率中间价，作为当日银行间即期外汇市场以及银行柜台交易汇率的中间价。

第三，引入OTC方式后，人民币对美元汇率中间价的形成方式将由此前根据银行间外汇市场以撮合方式产生的收盘价确定的方式改进为：中国外汇交易中心于每日银行间外汇市场开盘前向所有银行间外汇市场做市商询价，并将全部做市商报价作为人民币对美元汇率中间价的计算样本，去掉最高和最低报价后，将剩余做市商报价加权平均，得到当日人民币对美元汇率中间价，权重由中国外汇交易中心根据报价方在银行间外汇市场的交易量及报价情况等指标综合确定。

第四，人民币对欧元、日元和港币汇率中间价由中国外汇交易中心分别根据当日人民币对美元汇率中间价于上午9时国际外汇市场欧元、日元和港元对美元汇率套算决定。

第五，公告公布后，银行间即期外汇市场人民币对美元等货币交易价的浮动幅度和银行对客户美元挂牌汇价价差幅度仍按现行规定执行。即每日银行间即期外汇市场美元对人民币交易价在中国外汇交易中心公布的美元交易中间价上下0.3%的幅度内浮动，欧元、日元、港元等非美元货币对人民币交易价在中国外汇交易中心公布的非美元货币交易中间价上下3%的幅度内浮动。

此次在银行间即期外汇市场上引入询价交易方式和做市商制度，同时保留竞价交易方式，旨在进一步完善人民币汇率市场形成机制，拓宽市场交易主体。做市商数量的增加，有利于推动外汇指定银行增强报价能力，从而增加市场竞争力度，提高银行间外汇市场的市场化程度与交易效率。

在随后的时间里，人民币汇率管理技术的创新与发展主要是围绕人民币弹性技术、外汇衍生产品技术、做市商制度与询价交易技术以及汇率风险管理技术等诸多方面进行了有益的探索。

第二阶段（2008 年 9 月至今），为了应对国际金融危机的不利影响，货币当局先后出台了相应的政策措施、管理规则、干预手段等，重在保持人民币汇率的基本稳定，以最大限度降低我国出口贸易的压力。在这种情况下，人民币汇率管理技术在上一阶段的基础上，主要是围绕如何进一步夯实、充实、完善已有的汇率管理技术成果，先后出台了一系列的法规文件，并开展了一系列的研发创新活动，从而使人民币汇率管理技术的发展步入了快车道。

第4章
人民币汇率管理技术创新：
内容体系与重点方向

【本章摘要】创新人民币汇率管理技术，不仅是货币当局加强和提高其汇率管理水平的有力手段，也是持续提高人民币汇率管理效率的根本途径。随着国际国内经济形势的日趋复杂变化，要合理配置外汇资源和增强人民币的国际竞争力，人民币汇率管理技术就必须与时俱进、不断创新。人民币汇率管理技术创新的基本特征主要有不确定性、复杂性、连续性和高风险性等；人民币汇率管理技术创新的基本类型分为自主创新、模仿创新和合作创新三种；未来人民币汇率管理技术的创新内容主要包括汇率制度选择技术、汇率形成机制技术、汇率弹性管理技术、汇率风险管理技术、汇率信息管理技术以及汇率产品管理技术等六个方面。其中，创新的重点是汇率弹性管理技术、汇率干预技术和外汇交易管理技术等。

4.1　人民币汇率管理技术创新的特征与类型

4.1.1　人民币汇率管理技术创新的必要性

技术创新是一个十分宽泛的概念，国内外学者从不同的角度或层次对技术创新赋予了不同的内涵，但归纳起来，主要有以下三种观点：一是将技术创新视为技术或发明的商业应用，以熊彼特的创新理论为代表。这种观点的核心在于强调技术发明的市场价值，即一项创新可以看成是对技术发明的商业或社会性应用。二是把技术创新看作是由新概念的构想到形成生产力并成功地进入市场的全过程。这种观点认为，技术创新"包括科学发现、发明到研究开发成果被引入市场、商业化和应用扩散的一系列科学、技术和经济活动的全过程"①。三是把技术创新理解为技术与经济、社会的有机结合。这一观点主要以 20 世纪 80 年代美国经济学家罗默（P. Romer）提出的新经济增长理论为代表。这种观点不是把技术创新狭义地理解为技术与经济的结合，而是广义地理解为科学、技术、管理、教育等因素与经济的有机融合等。

但经济学家在分析技术创新时主要是着眼于技术变化对现代经济发展的推动作用，并试图揭示二者之间的数量关系。技术创新是经济与技术相互结合和相互统一的过程，是既具有经济特征又具有技术特征的技术—经济范畴；在实现技术与经济的结合过程中，管理起着关键性作用。技术创新首先是技术本身的过程创新，包括技术本身的不断完善和与该项技术相联系的一系列技术相结合从而实现体系化的过程；其次是经济的过程创新，包括一系列的经济决策与经济行为的创新；最后是管理的过程创新，它使得管理过程中的诸要素得以完善地组织、协调、平衡和配置，进而实现管理过程在功能和结构上的整体优化。因此，技术创新一开始就是技术实践、生产经营实践和管理实践结合在一起的特殊的社会实践活动，它不仅是一个纯技术的过程，而且是一个社会和经济

---

① 董景荣. 技术创新扩散的理论、方法与实践 ［M］. 北京：科学出版社，2009：24.

的过程，是一个将技术、经济、管理和社会有机结合的过程。①

基于上述认识，本书认为，人民币汇率管理技术创新是指货币当局（中国人民银行）在管理人民币汇率活动中不断提供某种新的服务或改进管理思想、方法与手段等的过程。它是以货币当局为主体，以外汇市场管理为导向，以提高人民币汇率管理效率和优化配置外汇资源为目标，以其创造性的思维和成功的管理实践为特征的多层次技术经济活动的综合过程。它一般由新设想的产生——研究与开发——实验与试点——成熟管理经验形成等一系列的环节所构成。其内容主要体现在以下三个方面：（1）新概念、新思想、新方法、新手段的提出、创立与改进；（2）对已有知识的有效整合、开发与利用；（3）新经验、新技能的总结与应用等。

随着世界经济一体化和金融全球化程度的不断加深，特别是面对当今世界金融危机继续蔓延的新形势，大力创新人民币汇率管理技术乃是当前人民币汇率管理工作中面临的一项重要而又迫切的任务。创新人民币汇率管理技术不仅是持续提高人民币汇率管理效率的根本途径，而且是增强人民币国际竞争力的有力保证。

4.1.2　人民币汇率管理技术创新的基本特征

人民币汇率管理技术创新作为一种特殊的技术经济活动，具有以下四个基本特征：

（1）不确定性。不确定性是技术创新的一个核心特征，它存在于技术创新过程的每一个环节，影响着技术创新过程中的每一项决策。人民币汇率管理技术创新不同于一般的企业技术创新，因为人民币汇率管

---

① 董景荣. 技术创新扩散的理论、方法与实践［M］. 北京：科学出版社，2009：28.

理技术的任何一项创新都是在一定的时空中进行的，这里的时空主要是指制度空间而不是自然空间，即由政府政策构成的一种制度安排。从制度经济学的角度来看，技术创新的主体虽然是中国人民银行，但是中国人民银行并不是在真空中进行技术创新活动的，而是在一定社会经济框架中进行创新活动的，这种技术创新的外部环境直接参与到技术创新的过程之中，并且对其发展的速度、方向以及技术创新的最终成果都产生着巨大的影响。从某种意义上说，技术创新在很大程度上是由制度环境决定的。① 由于制度环境主要是由政府行为和公众偏好所组成，而政府行为和公众偏好均存在极大的不确定性。在这种情况下，人民币汇率管理技术创新必然具有不确定性的特征。

（2）复杂性。技术创新过程作为联系科技发展与经济增长的中间环节，涉及创新构思产生、研究开发、技术管理与组织等一系列活动，是一个由一系列活动构成的多阶段决策过程。它不仅伴随着技术变化，而且伴随着组织与制度创新和管理创新等。同时，各个阶段的创新活动不仅仅是按线性序列递进的，有时还存在着过程的多重循环与反馈以及多种活动的交叉进行等。相对于一个企业来说，人民币汇率管理技术的创新具有更大的复杂性。这是因为，影响人民币汇率管理技术创新的不确定性因素较多。其中，有些是国内的，有些是国际的；有些是客观环境方面的，有些是人为的；有些是国家制度体制方面的，有些是单个经济主体自身行为的；有些是社会因素或市场因素，有些是政治因素；有些是可控的，有些是不可控的；等等。在这种情况下，人民币汇率管理技术创新就需要考虑照顾到各个方面的利益，并作出平衡和选择。

（3）连续性。由于技术创新是一个涉及不同内容、不同环节，并

---

① 董景荣. 技术创新扩散的理论、方法与实践［M］. 北京：科学出版社，2009：31.

经过若干阶段的过程，而且在这一过程中，各个阶段、各个环节有着内在的联系，其表现为不同环节相互有机联系、不同阶段彼此衔接。因此，从技术创新的发展来看，任何技术创新活动都是以前面的创新成果为基础，呈现出创新的连续性。一旦技术创新的连续性受到阻碍，技术创新的风险就会增大，甚至导致创新活动的失败。同样，对于人民币汇率管理技术创新来说，其创新的连续性程度要求更高。事实上，从每次人民币汇率管理技术创新成功的情况看，这种连续性在实践中已经体现了渐进性改革的指导思想。

（4）高风险性。由于技术创新活动具有一定的试验性质，其中各个阶段与环节都包含有不确定性因素，从而使技术创新呈现出较大的风险性。[①] 世界各国的技术创新实践表明，创新成功的概率往往小于失败的概率，技术创新是一项高风险的活动。即便是在发达国家，技术创新夭折的比例也远远高于成功的比例。由此可见，技术创新成功率低是其风险性的主要特征。同样，对于人民币汇率管理技术的创新来说，其面对的环境更复杂，包含的不确定性因素更多，这就使得人民币汇率管理技术创新遇到的风险更多更大。一旦失败，其带来的损失是一个企业所无法比拟的，而且其后果是无法弥补的。因此，对人民币汇率管理技术创新风险进行科学的管理，降低或消除风险是十分重要的。当然，人民币汇率管理技术的每一次成功创新也会带来巨大的经济效益、社会效益以及国际经济、政治效益等。

4.1.3　人民币汇率管理技术创新的基本类型

人民币汇率管理技术创新的基本类型主要是基于创新战略和创新技

---

① 葛新权，等. 技术创新与管理［M］. 北京：社会科学文献出版社，2005：41.

术源的角度进行分类①，具体分为自主创新、模仿创新和合作创新三种。

所谓自主创新，是指通过自身的努力和探索产生技术突破，攻克技术难关，并完成技术系统化。自主创新的特点是易于协调和控制，但同时要求创新主体具有一定的技术管理能力。

所谓模仿创新，是指通过学习模仿率先者的创新思路和创新行为，进而改进和完善管理方法。这种创新开发周期相对较短，创新的组织实施有一定的参照系，风险相应降低。但这种方式，首先需要对引进的技术进行认真的学习、消化、评估与吸收；其次，在消化与吸收的基础上进行有效整合，整合是创新的基础；最后是联系实际问题进行有针对性的创新。

所谓合作创新，是指中国人民银行、高校、科研机构或企业间的联合创新行为。联合创新往往具有攻关性质，可以更好发挥各方优势，但这种创新活动涉及面较广，组织协调及管理控制工作比较复杂。然而，随着现代科学技术的发展、高新技术的兴起，许多重大技术创新无论从资金、技术力量还是该项目内容的复杂性，并非一家企业所能承担完成的。因此，联合创新日趋显得重要。

在实践中，人民币汇率管理技术在进行创新活动时，以上三种创新类型可以并用，兼而有之。特别是要借鉴国外先进的管理理念、思想方法、理论模型和技术手段等，在消化吸收的基础上，精心组织协调

---

① 另外，对于一般的技术创新来说，由于技术创新的主体不同及其所处行业、规模、环境等的不同，技术创新还具有其他的分类。如根据节约资源的种类划分，可将技术创新分为节约劳动的创新、节约资本的创新和中性创新；根据创新的性质、程度和规模划分，技术创新可分为渐进性创新、根本性创新、技术经济范式的变更；根据技术创新的应用对象又可分为产品创新、过程创新和工艺创新等。（引自：董景荣. 技术创新扩散的理论、方法与实践 [M]. 北京：科学出版社，2009：33.）

攻关。

4.1.4　人民币汇率管理技术创新的基本原则

面对日趋复杂的国内外环境，在创新人民币汇率管理技术的过程中，还应当遵循以下四个基本原则：

（1）适应性原则。所谓适应性原则，是指人民币汇率管理技术的创新既要反映人民币汇率管理的内在发展规律，又要适应现行人民币汇率制度对人民币汇率管理的各种现实要求。人民币汇率管理技术是内生于人民币汇率管理过程之中的，有一定的规律可循。从目的上看，创新人民币汇率管理技术的目的在于维持人民币汇率的基本稳定，提高人民币汇率的管理效率，进而增强人民币的国际竞争力；从形式上看，人民币汇率管理技术的创新是一个变革过程，必须遵循人民币汇率管理技术演进的一般规律。另外，不同的汇率制度对人民币汇率管理技术的要求是不一样的，因此，人民币汇率管理技术的创新必须体现我国外汇体制改革、贸易体制改革和汇率管理的内在要求和现实要求。既要适应我国金融改革开放的现实需要，又要积极引进和借鉴国外先进的管理经验。要以增强人民币国际竞争力为导向，以提高人民币汇率管理效率为目标，不断提高人民币汇率管理技术的创新力。

（2）前瞻性原则。所谓前瞻性原则，是指人民币汇率管理技术的创新要具有先进性、超前性和预见性的特点。首先，在经济金融日益全球化的背景下，创新人民币汇率管理技术要能充分体现现代世界主要货币汇率管理的变化趋势，及早准备，及时调整，为提高人民币汇率管理效率提供优质服务。其次，随着我国外汇市场对外开放和人民币国际化趋势的不断深入，特别是在国际金融危机仍在蔓延和深化的情况下，国际游资必然对我国外汇市场产生较大冲击，为此人民币汇率管理技术的创新也必须充分考虑到这一新的挑战。最后，以电子计算机和现代网络技术为基础的信息技术在金融领域的广泛应用，对我国人民币汇率管理技术的创新必然产生深远的影响。因此，必须主动利用现代信息技术，以促进我国人民币汇率管理技术创新的顺利进行。

（3）市场化原则。所谓市场化原则，是指人民币汇率管理技术的创新必须遵循市场法则、依靠市场力量并通过市场机制等进行有步骤、有秩序的改革与完善。首先，人民币汇率管理技术的创新要建立在金融市场化改革的基础之上，不断提高外汇市场的市场化程度，合理配置外汇资源。其次，坚持人民币汇率管理技术的创新要有利于微观金融活动市场化的发展。随着市场经济的深入发展，微观金融活动的市场化日益明显，人民币汇率管理技术的创新具体表现为各市场参与主体对金融服务和外汇产品的需要呈现出多样化、多层次和多梯度的特点，并要求有相应的外汇市场与之配合。最后，坚持人民币汇率管理技术的创新要有利于宏观金融活动市场化程度的提高。随着我国金融调控从直接调控向间接调控的转变，要使人民币汇率管理技术的创新能满足市场化传导行为的要求。

（4）开放性原则。所谓开放性原则，是指人民币汇率管理技术的创新必须从国际经济金融发展的大背景出发，将之融入到国际经济金融发展的进程中去，与世界金融市场发展保持同步，其创新的手段和方法应与世界充分对接。具体地说，首先，人民币汇率管理技术的创新应符合国际潮流，要注重对国际标准、管理规则、运行惯例的学习和把握，使人民币汇率管理技术的创新逐步适应对外开放的高层次要求。其次，人民币汇率管理技术的创新要强化对外扩张能力，要重视中国外汇市场的国际化程度，提高中国外汇市场的世界影响力。最后，人民币汇率管理技术的创新要重视中国外汇市场和人民币的国际竞争力的提升。在世界金融一体化趋势下，人民币汇率管理技术的创新必须以提升中国外汇市场的整体竞争力和人民币的国际化程度为目的，既要选择好恰当的创新路径又要构建适当的创新战略等。

4.2　人民币汇率管理技术创新的内容体系

以提高人民币汇率管理效率和优化配置外汇资源为目的，未来人民币汇率管理技术创新的内容体系主要包括汇率制度选择技术、汇率形成机制技术、汇率弹性管理技术、汇率风险管理技术、汇率信息管理技术以及汇率产品管理技术六个方面。

4.2.1　人民币汇率制度选择技术

近年来，围绕新兴市场国家如何选择汇率制度问题引发激烈的争论。争论的焦点主要集中在两个方面：一是汇率选择如何导致宏观经济的不稳定；二是新兴市场国家应该选择何种汇率制度。在可供选择的几种汇率制度如浮动汇率制度、固定汇率制度以及介于二者之间的一种混合汇率制度——"软钉住"中，许多新兴市场国家以往大多选择了所谓"软钉住"的中间路径，即中央银行经常性地对其汇率加以干预。然而，1997 年东南亚金融危机爆发之后，"软钉住"的汇率制度被认为是导致东南亚经济危机的直接原因。因此，许多经济学家开始认为，关于汇率制度安排，一国的选择只有两个：要么选择一种具有"公信度"的固定汇率制度，俗称"硬钉住"；要么选择一种自由浮动的汇率制度。但研究表明，在探讨新兴市场国家的汇率制度选择时，上述标准的汇率选择理论是有缺陷的。这表现在：一方面，一国的最优汇率选择是何种汇率制度主要取决于该国的经济特征、制度特征以及资本流动特征等；另一方面，一国汇率制度的选择反过来对其经济特征、制度特征以及资本流动等又具有较大的影响①。事实上，没有一种制度适合所有的国家，也没有一种汇率制度适合于一个国家的所有时期，一国汇率制度的选择是一个动态的变迁过程。

这是因为标准汇率制度选择理论大多是从规避货币冲击的角度来探讨汇率制度选择问题的。其通常沿用的最优汇率决定思路主要是分析在粘性价格下，一国如何有效选择汇率制度，使其国内产出的波动最小。具体而言，如果一个经济体主要面临名义冲击，则固定汇率制度更具吸引力。因为在浮动汇率制度下，通胀性货币冲击将导致汇率贬值，并将名义冲击转化为真实冲击。在此情况下，一方面，固定汇率制度提供了一种有效的机制以适应货币供给与需求的变化从而导致较小的产出波动。如果冲击是真实性的生产率冲击或者贸易条件冲击，汇率的某种灵活性则更具吸引力。在此情况下，对于可贸易商品与非贸易商品之间相对价格的变动等均衡价格的改变，经济需要及时做出反应。名义汇率的变动能迅速应对相对均衡价格的改变，从而修正真实冲击对产出与就业的影响。另一方面，在固定汇率制度下，如果真实冲击或真实因素导致了经济的衰退，国内货币需求将会下降，中央银行被迫出售外汇储备以吸收超额货币供给，结果是（在完全资本流动条件下）国内货币需求的减少自动导致硬通货的流出与国内利率的上升，因此，固定汇率制度直接加剧了经济的衰退。

可见，汇率不仅仅是本国货币与外国货币的比价，为了确保国家利益，各国政府还将汇率作为实现政策意图的战略工具，因此各国政府更多的是考虑所选择的汇率制度能否最大限度地实现本国的整体社会福利，或者以最小的成本实现自己的政策意图。② 在现实的经济发展实践

---

① 朱小梅. 新兴市场国家汇率选择理论综述 [J]. 世界经济导刊, 2006 (2): 31.

② 刘晓辉, 范从来. 人民币最优汇率制度弹性的理论模型与经验估计 [J]. 世界经济, 2009 (2): 17.

中，各国政府面临的政策目标不尽相同，各国经济面临的冲击类型和冲击大小也不相同，从而导致了汇率制度安排的多样性，并且一国经济结构面临的冲击也在发生着不断地变化。因此，由于一国经济发展阶段的不同，其政策目标也会发生变迁，从而导致最优的汇率制度选择也不断地发生着变化。

4.2.2　人民币汇率形成机制技术

在新的汇率形成机制下，人民币汇率不再单一盯住美元，而是按照我国对外经济发展的实际情况，选择若干种主要货币，赋予相应的权重，组成一个货币篮子。同时，根据国内外经济金融形势，以市场供求为基础，参考一篮子货币计算人民币多边汇率指数的变化，对人民币汇率进行管理和调节，维护人民币汇率在合理均衡水平上的基本稳定。参考一篮子表明外币之间的汇率变化会影响人民币汇率，但参考一篮子不等于钉住一篮子货币，它还需要将市场供求关系作为另一重要依据，据此形成有管理的浮动汇率。因此，必须从技术的层面上构建一篮子货币和编制人民币有效汇率指数，使人民币汇率波动更加及时反映我国经济结构、贸易结构、金融结构以及外汇结构等方面的变化。

4.2.3　人民币汇率弹性管理技术

新的汇率形成机制使得人民币汇率的双边波动性正从量变发展到质变，这是人民币汇率弹性增强的必然趋势。要根据我国国际收支经常账户特别是贸易收支账户的具体状况，设定科学的货币权重和汇率波幅，以免受到贸易伙伴国的报复。波幅的渐进式扩大有利于市场成员逐步提高风险管理能力，适应增强的波动性。中间价的波动可能更多的是体现了政策上的意图，而市场的波动则主要是由市场因素决定的，显示市场对于汇率波动适应性的增强。因此，需要借助计量技术、电子计算机和网络通信技术等，合理定价和控制人民币汇率的弹性，使汇率波动的速度和幅度更加适合市场供求关系和汇率政策意图的要求，更加体现出人民币汇率以市场供求为基础、参考一篮子货币进行调节的规律。

4.2.4 人民币汇率风险管理技术

随着人民币汇率弹性的增强，汇率风险将进一步增加，外汇市场参与者（政府、工商企业、金融机构和居民等）更加需要提高汇率风险的管理能力。因此，在进一步加强金融监管的前提下，一方面，要积极发展和创新汇率避险工具，为市场参与者提供有效的避险工具和资本保值增值服务；另一方面，要允许更多的金融机构和涉外企业参与远期外汇市场的交易，进而为人民币汇率机制的进一步完善创造条件。由于国内人民币衍生产品市场的发展尚需时日，而境外人民币衍生产品市场的发展相对较快，因此，在今后一段时间内，应当借鉴境外汇率衍生产品的管理技术，推动国内人民币衍生产品管理技术的创新与发展，同时，更要加强人民币衍生产品的技术研发与创新，使之走上稳步、健康、持续发展的轨道。

4.2.5 人民币汇率信息管理技术

在现代经济条件下，外汇资源的流动与配置是借助于汇率信息的引导和传递而实现的。外汇市场的行情直接反映了我国对外经济的整体情况，并成为影响我国进出口贸易的风向标。真实、客观、及时的汇率信息不仅有利于宏观调控对外经济，而且有利于微观经济主体克服信息不对称性，从而降低外汇交易中的成本和风险。因此，必须借助现代计算机网络和信息技术，收集、传播和管理好人民币汇率的变化信息，引导和影响微观经济主体的交易行为，使之更加理性地参与外汇交易活动。目前，我国的汇率信息管理技术还比较落后，与成熟市场国家相比，有许多方面的信息管理技术还存在着空白，这是我国人民币汇率管理技术未来研发与创新的重点。

4.2.6　人民币汇率产品管理技术

一个合理、规范、高效的外汇交易市场是有效均衡汇率形成的基础，而先进的交易技术则是提高外汇交易市场效率的关键。为适应新的人民币汇率形成机制的变化，使外汇交易更加真实反映市场的供求情况，需要对我国外汇交易市场的交易结构、交易内容、交易方式和市场基础设施等进行必要的创新。具体地说，一是外汇定价技术，通过优化外汇市场交易主体，特别是扩大银行间即期外汇市场交易主体范围，允许符合条件的非银行金融机构和非金融企业按实需原则参与银行间外汇市场交易；二是创新银行间市场交易模式，在银行间外汇市场引入询价交易方式，银行间外汇市场参与主体可在原有集中授信、集中竞价交易方式的基础上，自主选择双边授信、双边清算的询价交易方式；三是丰富外汇市场衍生工具，允许符合条件的银行间外汇市场参与主体开展银行间远期外汇交易，条件具备时，可适时推出外汇期货期权交易工具等。

4.3　人民币汇率管理技术创新的重点方向

针对目前人民币汇率管理中"弹性"和"波幅"的实际问题，当前人民币汇率管理技术创新的重点应放在汇率弹性管理技术、人民币汇率干预管理技术和人民币外汇交易管理技术三个方面。

4.3.1 人民币汇率弹性管理技术

人民币汇率弹性管理技术，具体包括货币篮子的管理技术（如一篮子货币指数、人民币多边汇率指数的编制等）和人民币汇率波动区间管理技术等。这里将重点讨论人民币参照篮子货币的模型、人民币有效汇率指数的编制方法以及人民币有效汇率指数的计算方法等。

4.3.1.1 人民币参照货币篮子的模型

根据新的人民币汇率形成机制，人民币参照货币篮子主要由那些在中国的对外贸易、直接投资、外债偿付等方面具有重要意义的外国货币构成，其大致包括 11 种货币：澳元（AUD）、加元（CAD）、欧元（EUR）、日元（JPY）、韩元（KRW）、马来西亚林吉特（MYR）、俄罗斯卢布（RUB）、新加坡元（SGD）、泰铢（THB）、英镑（GBP）和美元（USD）。但并没有确认哪些货币入选，也没有说明各种货币的权重。从对外贸易的角度来看，这 11 种货币所在的经济体都是我国最重要的贸易伙伴，我国与这些经济体的贸易额占我国对外贸易总量的 60% 以上。就直接投资和外在偿付而言，我们虽然不能判断各种货币的权重，但是可以确信这些货币不外乎美元、欧元、英镑以及日元等国际可自由兑换的货币。其具体的人民币参照货币篮子的构成模型[①]主要有两种：

（1）线性权重的货币篮子模型。假设我国货币当局参照一篮子货币对人民币进行定价的方式为

$$S_{0t} = A_t + B_t$$

式中，A_t 表示人民币相对于整个货币篮子的升值幅度；B_t 表示该货币篮

---

① 周继忠. 人民币参照货币篮子：构成方式、稳定程度及承诺水平 [J]. 国际金融研究，2009（3）：17.

子在时期 t（$t=0$，1，2，$\cdots$，T）的价值，且 $B_t = \sum_{i=1}^{N} \beta_i S_{it}$，这里 β_i 表示货币 i 的数量，S_{it} 表示在 t 时期货币 i 以瑞士法郎（CHF）为计价单位的汇率。

假设人民币相对一篮子货币的升值是一个线性过程，即 $A_t = \delta t$，其中 δ 反映了人民币的升值速度。综合这些假设，对有关变量做一个差分处理，然后加入误差项 ε_t，就可以得到用于回归分析的线性权重货币篮子模型：

$$\Delta S_{0t} = \delta + \sum \beta_i \Delta S_{it} + \varepsilon_t \quad (t = 1,2,\cdots,T)$$

式中，对于 $i=0$，1，2，$\cdots$，N，$\Delta S_{it} = S_{it} - S_{it-1}$。根据估计得到的 β_i 系数，可以计算货币 i 在不同时间的权重：$\alpha_{it} = (\beta_i \Delta S_{it}) / \sum_{j=1}^{N} \beta_j \Delta S_{jt}$，而它在整个样本期的权重可以用 α_{it} 的平均值表示。随着各货币权重的变化，通常一篮子货币中各组成货币的数量需要加以调整，以保持货币篮子价值的基本稳定。

（2）几何权重的货币篮子模型。为了检验线性模型结果的可靠性，我们还可以考虑几何权重货币篮子模型。假设人民币参照货币篮子的确定方程是 $B_t = \prod_{i=1}^{N} (S_{it})^{\beta_i}$，而人民币汇率的制定规则为 $S_{0t} = A_t B_t$，其中，$A_t = \exp(\delta_t)$ 代表人民币相对货币篮子的升值趋势。综合这些假设，对于有关变量取自然对数并求其一阶差分，然后加入误差项 ε_t，我们就可得到几何权重货币篮子模型的回归方程：

$$\Delta \ln S_{0t} = \delta + \sum_{i=1}^{N} \beta_i \Delta \ln S_{it} + \varepsilon_t \quad (t = 1,2,\cdots,T)$$

式中，对于 $i=0$，1，2，$\cdots$，N，$\Delta \ln S_{it} = \ln S_{it} - \ln S_{it-1}$。

令 $\alpha_{it} = (\beta_i \Delta \ln S_{it}) / \sum_{j=1}^{N} \beta_j \Delta \ln S_{jt}$ 代表货币 i 在时期 t 的权重，然后计算其平均数作为货币 i 在整个样本期的权重。

这里，我们使用国际货币基金组织提供的人民币以及上述 11 种货币在 2005 年 7 月 25 日至 2008 年 11 月 6 日期间，以瑞士法郎（CHF）为计价单位的日汇率数据来分析人民币参照货币篮子的构成情况（见表 4 - 1）。

表 4 - 1　　　　　　　　　人民币参考货币篮子的构成情况

	线性权重货币篮子模型			几何权重货币篮子模型		
	系数	标准差	权重	系数	标准差	权重
澳元	0.003 ***	0.001	1.95	0.011 ***	0.004	1.49
加元	-0.001	0.001	-0.85	-0.009 *	0.005	-0.19
欧元	-0.000	0.001	-0.04	-0.001	0.012	-0.01
日元	0.716 ***	0.079	4.73	0.036 ***	0.005	7.02
韩元	0.947	0.618	0.72	0.011 ***	0.004	1.34
马来西亚林吉特	0.011 *	0.006	2.37	0.028 **	0.012	4.28
俄罗斯卢布	0.096 **	0.045	2.76	0.050 ***	0.012	4.68
新加坡元	0.005	0.003	2.43	0.023	0.015	2.93
泰铢	0.028	0.041	0.58	-0.015 *	0.008	-1.08
英镑	-0.000	0.001	-0.41	-0.017 **	0.007	-0.00
美元	0.115 ***	0.002	85.76	0.867 ***	0.014	79.54
趋势	0.009 ***	0.001	—	0.052 ***	0.007	—
$\overline{R^2}$	0.982			0.985		

注：（1）表中 *、* *、* * * 分别表示显著程度达到 10%、5%、1%。

　　（2）表中"趋势"由常数项乘以 250 得到，近似等于人民币相对于货币篮子的年度变化值。

　　（3）表中"权重"为每种货币在扣除趋势项后货币篮子中所占百分比的样本平均值。

资料来源：周继忠. 人民币参照货币篮子：构成方式、稳定程度及承诺水平［J］. 国际金融研究，2009（3）：19.

从表 4 - 1 中的结果可以看出，虽然上述两种模型对有关系数的数值估算有较大的差异，但是这些系数的符号、显著程度以及所代表的各货币权重却大致相同，表明关于人民币参照货币篮子构成的估算结果是比较准确的，它并不随模型的变化而变化。有些货币带有负的系数，表明这些货币在人民币参照货币篮子中主要起平衡制约的反作用，有助于维持货币篮子本身价值的稳定，从而间接服务于人民币汇率的稳定。

从具体的权重来看，美元是最重要的参照货币，其权重达到80%～86%；接下来依次是日元（权重为5%～7%）、俄罗斯卢布（权重为3%～5%）、新加坡元（权重为2%～3%）、马来西亚林吉特（权重为2%～4%）、澳元（权重为1%～2%），其他货币的权重几乎可以忽略不计。如果考虑到美元在国际资本交易中的重要地位，再考虑到那些将自己货币钉住美元的经济体在中国对外贸易中的权重也要由美元来体现，那么美元在人民币参照货币篮子中占据的地位就远远超过美国自身的贸易权重，这是符合实际情况的。但日元的权重很小，欧元的权重几乎为零，这与这两个经济体在我国对外贸易中的重要地位很不相称，也与这两种货币在国际金融市场上的活跃程度不匹配。另外，卢布在货币篮子中的权重大大高于俄罗斯的贸易地位，而韩元的权重却大大低于其贸易份额。这些现象也许是反映了我国货币当局的特定政策偏好倾向，同时也说明人民币汇率参照一篮子货币进行操作的货币政策的日趋灵活性。

4.3.1.2　人民币有效汇率指数的编制方法

通常来说，度量一种货币的对外价值，一般采用有效汇率指数。一种货币的有效汇率指数是该货币对其他一篮子货币汇率的加权平均之比。[①] 建立一种货币的有效汇率指数的目的是直接反映其对所有样本货币的整体走势，进而从该种货币对一篮子货币汇率的不一致变动中分离出重要的对外价值的信息。指数的设计，要依据特定的目的，选择适当

---

① 唐国兴，徐剑刚. 现代汇率理论及模型研究［M］. 中国金融出版社，2003：307.

的样本货币及其权重。在我国,人们通常用人民币对美元汇率的变动来反映人民币对外价值的变化,这是有一定缺陷的。因此,需要一种能够反映人民币对外价值变化的指数,即人民币有效汇率指数。

人民币有效汇率指数又可具体分为名义有效汇率指数(NEER)和实际有效汇率指数(REER)。它们的作用主要有:一是衡量人民币对一篮子货币的汇率水平的变动情况,从而直接反映人民币对一篮子货币的整体走势,为人民银行进行外汇市场干预、外汇政策的制定和外汇制度的改革提供一个风向标;二是衡量人民币的稳定性,以反映中国所受外部通胀压力的情况,从而为人民银行确定恰当的货币政策提供参考依据;三是度量中国产品在世界市场的竞争力,从而间接反映中国的出口竞争能力和进口成本的变动情况;四是评估中国主要贸易伙伴国的贸易结构变动及其对中国对外贸易的影响情况,从而为中国的外贸政策及其产业政策的制定提供参考;五是指导人民银行确定和实施外汇干预的时机和程度等,从而提高外汇干预的效率。

编制人民币有效汇率指数主要涉及到样本货币的选择和权重的计算。关于样本货币的选择问题,按照现行的人民币汇率形成机制,其选择的基本特点是代表性,即样本国货币是中国的主要贸易伙伴国,且在世界经济中具有重要地位。具体地说,是按照某国与中国的贸易额占中国总贸易额的份额大小来确定的。如果中国对该国的出口额占中国出口总额的份额不少于1%或中国从一国的进口额占中国进口总额的份额不少于1%,那么该国货币就有可能作为样本货币。目前,中国对外宣布的样本货币如前所述主要有11种货币,而且每一年的样本货币是可以调整的。

关于样本货币权重的确定问题,其基本原则是基于样本货币国的贸易竞争力;同时要体现敏感性的特点,即列入样本的货币的汇率变动能够及时反映整个外汇市场的人民币币制变化情况等。当然权重的设计有多种方法，如以双边贸易份额为权重、以多边贸易份额为权重等。[①]

（1）以双边贸易份额为权重。在计算人民币有效汇率指数时，如果以双边贸易份额为权重，即每一样本国与中国的贸易额占中国贸易总额的份额作为样本货币的权重，其具体的计算公式如下：

$$W_i = \frac{x_{CN}^i + m_{CN}^i}{\sum\limits_{k} (x_{CN}^k + m_{CN}^k)}$$

式中，x_{CN}^i 为中国对第 i 国的出口额；m_{CN}^i 为中国从第 i 国的进口额；CN 表示中国。

双边贸易权重强调了中国与样本货币国之间贸易的重要性，但没有考虑在第三国市场竞争的影响。

（2）以多边贸易份额为权重。在计算人民币有效汇率指数时，如果以多边贸易份额为权重，即每一样本货币国在所有样本货币国贸易总额的份额作为样本货币的权重，其具体的计算公式如下：

$$W_i = \frac{x^i + m^i}{\sum\limits_{k \neq CN} (x^k + m^k)}$$

式中，x^i 为第 i 国对人民币有效汇率指数中其他样本货币国的出口额；m^i 为第 i 国从人民币有效汇率指数中其他样本货币国的进口额。

多边贸易权重强调样本货币国在世界市场竞争的重要性，主要考虑除在本国市场外所有市场竞争的影响，但没有考虑在特定市场竞争的影响。如果两个国家在非常不同的市场开展对外贸易，按照多边贸易权重计算的有效汇率指数就不能准确反映综合竞争力的变化。

（3）可变权重。考虑到上述两种计算权重方法的优缺点，需要采

---

① 唐国兴，徐剑刚. 现代汇率理论及模型研究 ［M］. 中国金融出版社，2003：316－318.

用另一种计算权重的方法，即可变权重的计算。其计算过程如下：

中国产品与第 k 个样本货币国的竞争发生在中国市场、第 k 个样本国市场以及第三国市场（除中国市场和第 k 个样本货币国市场以外的所有市场）。为此，首先需要计算第 k 个样本货币国产品在中国市场、第 k 国市场、第三国市场的份额，然后对中国产品在相应市场上的份额进行加权平均。这样，人民币有效汇率指数中第 k 个样本货币的权重 $W_{CN,k}$ 为第 k 个样本货币国产品在每个 i 国家市场份额 $b_{i,k}$ 的加权平均，即

$$W_{CN,k} = \sum_i x_{CN,i} b_{i,k} \tag{4.1}$$

式中，$x_{CN,i}$ 为中国产品在第 i 国市场销售额占中国生产所有产品销售额的份额。

假设 $\eta_{i,k}$ 为第 i 国从第 k 国进口额占第 i 国进口总额的份额，$\delta_{CN,i}$ 为中国对第 i 国出口额占中国出口总额的份额，那么

$\eta_{i,k} = b_{i,k}/(1 - b_{i,i})$ ，这里 $i \neq k$，因为本国不会从本国进口。

$\delta_{CN,i} = x_{CN,i}/(1 - x_{CN,CN})$ ，这里 $i \neq CN$，因为本国不会向本国出口。这样，式（4.1）可表示为

$$W_{CN,k} = x_{CN,CN}(1 - b_{CN,CN})\eta_{CN,k}$$
$$+ (1 - x_{CN,CN})b_{k,k}\delta_{CN,k}$$
$$+ (1 - x_{CN,CN})\sum \delta_{CN,i}\eta_{i,k}(1 - b_{i,i}) \tag{4.2}$$

从式（4.2）可以看出，$W_{CN,k}$ 主要由三个部分组成。第一部分主要描述中国产品与第 k 国产品在中国市场上的竞争，可表示为中国从第 k 国进口额占中国进口总额的份额 $\eta_{CN,k}$ 的函数；第二部分描述中国产品与第 k 国产品在第 k 国市场上的竞争，可表示为中国对第 k 国出口额占中国出口总额的份额 $\delta_{CN,k}$ 的函数；第三部分描述中国产品与第 k 国产品

在第三国市场上的竞争，可表示为中国对第三国出口额占中国出口总额份额对第三国从第 k 国进口额占第三国进口总额的份额的加权平均 $\varepsilon_{CN,k}$ 的函数，即

$$\varepsilon_{CN,k} = \sum_{i \neq CN,k} \delta_{CN,i} \eta_{i,k} \qquad (4.3)$$

这样，人民币有效汇率指数中第 k 个样本货币权重 $W_{CN,k}$ 就可表示为 $\eta_{CN,k}$、$\delta_{CN,k}$ 与 $\varepsilon_{CN,k}$ 的函数。那么，中国从第 k 国进口额占中国进口总额的份额 $\eta_{CN,k}$ 和两种类型的出口份额用固定权重加权平均，得

$$W_{CN,k} = \frac{1}{2}\eta_{CN,k} + \frac{1}{2}\left(\frac{1}{2}\delta_{CN,k} + \frac{1}{2}\varepsilon_{CN,k}\right) \qquad (4.4)$$

4.3.1.3 人民币有效汇率指数的计算方法

在确定了人民币有效汇率指数样本货币的权重后，就可以计算出人民币有效汇率指数，包括人民币名义有效汇率指数和人民币实际有效汇率指数。基于国际货币基金组织关于名义有效汇率指数的计算方法，人民币有效汇率指数的计算公式为

$$I_t = I_0 \prod_i \left(\frac{s_{i,t}}{s_{i,0}}\right)^{W_{i,t}} \qquad (4.5)$$

式中，$s_{i,t}$ 为 t 期人民币对第 i 种货币的名义汇率（间接标价法）；$s_{i,0}$ 为基期人民币对第 i 种货币名义汇率；I_0 为基期人民币名义有效汇率指数，设定为100；$W_{i,t}$ 为人民币有效汇率指数中第 i 种样本货币的权重。人民币名义有效汇率指数简单地可理解为人民币对一篮子货币的名义汇率。

将人民币对第 i 种货币的实际汇率 $q_{i,t}$ 代替式（4.5）中的 $s_{i,t}$，就可得到人民币的实际有效汇率指数 RI_t，即

$$RI_t = RI_0 \prod_i \left(\frac{q_{i,t}}{q_{i,0}}\right)^{W_{i,t}} \qquad (4.6)$$

式中，$q_{i,t} = s_{i,t} p_t / p_{i,t}$，$p_t$ 是 t 期中国消费物价指数，$p_{i,t}$ 是 t 期 i 国消费物

价指数；RI_0 为基期人民币实际有效汇率指数，设定为 100。

4.3.2 人民币汇率干预管理技术

在现行有管理的浮动汇率制度下，中国人民银行可以对过度的汇率波动实施有效的干预，以维护人民币汇率的基本稳定，同时防止汇率短期内的剧烈波动。汇率干预的目的一般有以下四个方面：一是人民银行试图限制短期汇率大幅度波动，但不影响汇率长期变动趋势，称为"逆风向干预"；二是由于政治或经济的原因，干预的目的是为了改变汇率的变动趋势，称为"改变趋势干预"；三是汇率偏离控制范围而进行干预，称为"导向干预"；四是中央银行为管理外汇储备的币种和份额买卖外汇，归为"其他干预"。这样，根据不同的干预目的，可以选择不同的汇率干预的管理技术。

4.3.2.1 汇率干预的目的

假设中央银行有一个特定的反应函数。反应函数可由政策损失函数和描述汇率 S_t 决定的方程导出。这里假定政策损失函数是一个特定的函数，如反映中央银行希望限制汇率偏离目标函数 S_t^T 的损失函数：

$$L_t = (\log S_t - \log S_t^T)^2 = (s_t - s_t^T)^2 \tag{4.7}$$

其反应函数为

$$INV_t = f(s_t - s_{t-1}, s_t - s_t^T) \tag{4.8}$$

式中，INV_t 为中央银行干预量，s_t 为即期汇率的自然对数。

式（4.8）中，$(s_t - s_t^T)$ 表示即期汇率偏离目标汇率的程度，如果 $(s_t - s_t^T)$ 项的估计系数在统计意义上显著不等于零，表示由于即期汇率偏离目标汇率引起中央银行干预，即中央银行干预的目的就是目标干预。$(s_t - s_{t-1})$ 表示现行汇率的变动率，如果 $(s_t - s_{t-1})$ 项的估计系数在统计意义上显著不等于零，表示短期汇率波动引起中央银行干预，即中央银行干预的目的就是逆风向干预。

4.3.2.2　汇率干预的主要方式

一般来说，中央银行的外汇干预只有通过影响外汇市场的均衡条件才能发生作用。因此，中央银行的干预如能影响相关的经济变量，就能有效地干预汇率。

（1）非冲销干预。首先假定一国在外汇干预以前货币市场处于初始的均衡状态，即

$$M^S = M^D = eY - fi$$

或者

$$\Delta M^S = \Delta M^D = e\Delta Y - f\Delta i \tag{4.9}$$

式中，M^S、M^D 分别表示名义货币供给和货币需求；Y 为名义 GDP；i 为国内利率；e、f 为参数。

中央银行的非冲销干预无疑会打破货币市场的均衡状态，从而使利率发生反向的变动，直至形成新的货币均衡为止。而利率的这种变动又会引起资本的国际间变动，使汇率上浮或下浮的压力得以缓解。由此可见，非冲销干预通过利率机制强化了干预的效力，对汇率具有长期的持续影响。

（2）冲销干预。在开放经济条件下，本国的基础货币投放、国内信贷以及中央银行的国际储备之间的关系可表示为

$$MB = NFA + DC$$

或者

$$\Delta MB = \Delta NFA + \Delta DC \tag{4.10}$$

式中，MB 为基础货币；NFA 为中央银行的国外净资产；DC 为国内信贷。

设 K 为货币乘数，ΔM^S 为货币供应变化量，则

$$\Delta M^S = K(\Delta NFA + \Delta DC) \qquad\qquad (4.11)$$

由式（4.9）减去式（4.11），可得

$$\Delta DC = \frac{e}{K}\Delta Y + \frac{f}{K}(-\Delta i) - \Delta NFA \qquad\qquad (4.12)$$

将中央银行的冲销干预引入式（4.12），则式（4.12）可变为

$$\Delta DC = \Delta A - \alpha \Delta NFA \qquad\qquad (4.13)$$

式中，ΔA 表示国内货币政策内生性成分的变化；$-\alpha$ 表示冲销系数，其绝对值介于 0 与 1 之间，若 α 等于 1 则表示中央银行进行的是冲销干预方式。

4.3.2.3　汇率干预方式的选择：成本与收益分析

中央银行的外汇干预作为一项经济活动必须遵循成本收益的原则，只有当成本大于收益时，该项活动才是合理的。

（1）央行外汇干预的收益。简单地说，外汇干预的收益是指外汇干预所带来的全部好处的总和，它体现了货币当局进行外汇干预的主要动机和理由。具体地说，外汇干预的收益可分为两部分，即实现预定汇率目标的收益和汇率干预的操作盈利。其中，实现预定汇率目标所产生的收益是外汇干预的主项收益。从微观的角度看，通过外汇干预实现汇率的稳定或合理调整，这有利于外向型企业降低对外交易中的汇率风险；从宏观的角度看，实现汇率目标所产生的收益主要表现在维持国际收支平衡、引导外汇资源的合理流动以及促进国内经济增长等。另外，维持汇率的基本稳定还可以提高本国的国际声望和国际金融地位等。而中央银行外汇干预的操作盈利是指中央银行在外汇市场上买进或卖出外汇资产所产生的差价盈利，但一般情况下，中央银行的操作并不以盈利为目的，因此这是一个次要的收益项。

（2）央行外汇干预的成本。中央银行外汇干预的成本，是指外汇

干预所要付出的显性和隐性成本的总和，它具体包括以下四个部分：

①外汇储备的变动成本。外汇干预是通过外汇买卖影响市场供求和市场交易者的心理预期来进行的，它必然带来外汇储备的累积和流失。当一国货币当局为避免本币的升值而购进外汇时，外汇储备就趋于增加；相反，当货币当局为阻止本币贬值而在市场上抛售外汇时，外汇储备就趋于减少。外汇干预的规模越大，时间持续越长，外汇储备的累积或流失就越大。

②国内货币政策的失控成本。如果货币当局在外汇市场上采取非冲销干预，则会引起国内基础货币的超量投放或过度收缩，并通过货币乘数效应使货币供应量数倍扩张或收缩，进而产生通货膨胀或通货紧缩的压力，影响国内货币政策的稳定，从而对充分就业和经济增长产生不利的影响。如果采取冲销干预，从理论上说虽然不会影响一国基础货币的投放，从而不会影响货币供给和本国货币政策的实现，但在现实中中央银行的冲销干预操作要受到冲销工具、国内金融市场的发育状况等诸多因素的影响，冲销效果并不能完全抵消干预对国内货币政策的不利影响，国内货币政策的独立性得不到保证。

③资金的不合理配置成本。当中央银行在外汇市场买入外汇进行干预时，中央银行通过外汇指定银行投放的基础货币的比重扩大，在基础货币总量不变的前提下，中央银行通过非外汇指定银行投放的基础货币的比重就相应缩小。由此，与外汇指定银行相联系的外贸企业就能得到较多的信贷资金，而非外贸企业则难以通过该渠道获取信贷资金，造成资金紧张。这样，不同企业在获取信贷资金机会上的不均衡就会导致资源在不同性质企业间的不合理配置。

④外汇干预的操作成本。即指货币当局进行外汇买卖时所产生的差价损失。当中央银行在对总收益与总成本进行比较时，可根据不同的情

况对不同性质的成本与收益分别确定一个适当的权重，然后加权求出总成本与总收益，并在此基础上，结合模型分析，决定采取相应的干预方式。当然，干预方式的选择本身是一个动态过程，它要随具体环境的变化而作出适时的调整。

当前，我国人民银行主要是以冲销干预的方式对外汇市场进行有效的干预的，这一干预方式克服了由于外汇占款过大所带来的基础货币投放逐年增加的弊端。但是我国实施冲销干预也存在着突出的问题，主要表现在：一是冲销工具的操作空间较小；二是外汇冲销措施难以控制基础货币流向，使得企业间资金松紧出现较大差别，给经济结构的升级调整带来困难；三是人民银行的冲销操作使我国的国际储备急剧上升，这不仅加大了人民银行外汇储备管理的风险，而且会刺激国际游资的套利行为。因此，进一步改革我国的外汇冲销干预已是当务之急。其具体措施是：首先，要建立外汇平准基金制度，提供平准基金账户稳定汇率，从而切断外汇储备直接与国内货币量变动的联系，避免人民银行发行高能货币所导致的外汇储备增加的被动局面，从而保证国内货币政策的独立性和连续性。其次，在冲销工具上，要借鉴国外冲销干预的成功经验，灵活选择各种冲销工具的组合。再次，改革现行的结售汇制度，建立多级式的储备体系。在具体操作上，人民银行可以扩大外汇指定银行的外汇周转头寸，扩大二级储备；人民银行与企业之间的储备分配可通过比例结售汇加以解决。最后，适应国际金融形势的变化，进一步改革汇率形成机制，扩大人民币汇率的波动幅度。另外，还有采取必要的干预策略，准确把握人民币汇率干预的时机、步骤以及国际合作等，进而提高人民币汇率干预的效率。

4.3.3　人民币外汇交易管理技术

人民币外汇交易技术，具体包括人民币的做市商制度与询价交易技术、汇率产品的交易技术以及套利资金流入的管理技术等。这里将重点讨论人民币混合交易系统下的会员报价与交易技术。

目前，中国外汇市场实行的是混合交易系统，即询价交易与竞价交易模式①并存的银行间外汇交易系统。在此交易系统下，会员可在零售市场上采取询价交易方式，提出报价并接受客户的买卖指令，扮演做市商的角色。在批发市场上可同时采用询价交易方式（OTC）方式和竞价交易方式（电子撮合方式），即一方面与其他会员进行双边询价交易，甚至可以充当做市商的角色；另一方面则可以在电子外汇市场提交竞价指令等待与其他会员的成交。外汇交易的连续性要求会员同时在零售市场和批发市场上提出报价。那么，会员在不同的市场、不同的交易方式下，如何选择最优的买—卖报价、价差、中间价以及在批发市场上的交易方式呢？

中国外汇市场包括银行间外汇市场（批发市场）和银行的柜台市场（零售市场），外汇市场上有 n 个会员、人民银行和大量的客户。会员同时在批发市场和零售市场交易，在批发市场上可采取询价交易方式和竞价交易方式，在零售市场上则采取询价交易方式。会员的日内效用

---

① 询价交易是指会员选择有授信关系的做市商，双边就币种、金额、价格、期限等交易要素进行协商，达成交易后由双方自行清算。会员也可以向有授信关系的非做市商会员进行询价交易。竞价交易是指做市商将各货币对的买卖价格报入交易系统，交易系统自动选择最优的买卖报价并匿名发布，会员与提供最优报价的做市商进行匿名交易，最后由中国外汇交易中心提供集中清算。

函数和负指数财富效用函数[①]可表示为

$$U(W) = -\exp(\overline{\gamma}W) \tag{4.14}$$

假设第 i 个会员无论是否发生交易都必须付出固定成本 $\overline{C_i}$（如场地费用、全球通信费用等），一旦交易发生，须增加固定交易成本 w_i（如招募更多的员工处理交易指令等，但与每笔指令 Q 的规模无关）。在每日第一笔交易发生前，该会员的本币现金存量为 K_i，外币存货水平为 I_i，由于所有会员无法观测到其他会员的存货水平，为简单起见，假设会员们的存货水平服从独立分布的均匀分布 $U(-R, R)$。会员认为，汇率市场价值为 P^0，提出买价 $P^0 - b$ 和卖价 $P^0 + a$ 后，收到交易对手提交的指令流 Q，会员的目标就是选择最优的 a 和 b 以最大化期望效用函数。

假设汇率价值在交易期的变化量为随机变量 Z，则交易期末的汇率价值为 $P^0 + Z$。会员对随机变量 Z 采取线性定价规则：当交易对手提交买入指令 Q 时，意味着他预期汇率价格上涨，即 $E(Z) > 0$；预期价格愈上涨时，指令流 Q 愈大。

定义事件 $S^a = \{$交易对手买入 Q 单位外汇$\}$，则有 $E(Z/S^a) = \beta Q$，即会员对随机变量 Z 的条件期望也成比例于指令流 Q。相反，当交易对手提交卖出指令流 Q 时，定义事件 $S^b = \{$交易对手卖出 Q 单位外汇$\}$，则有 $E(Z/S^b) = -\beta Q$。

令 $\sigma^2 = VAR(Z/S^a)$ 或 $\sigma^2 = VAR(Z/S^b)$ 是随机变量 Z 的条件方差。给定相同的指令流 Q，当会员认为交易对手是知情者时，意味着事件 S^a 有助于精确定价，$|\beta|$ 增大；当认为是非知情者时，意味着事件 S^a 无价

---

① 王艺明，林伟斌. 人民币混合交易系统下的会员报价与交易策略 [J]. 世界经济，2009 (2)：90.

值，$|\beta|$ 趋于零。

　　可见，在批发市场上采取竞价交易方式，提出最低卖价或最高买价的会员最容易被撮合成交（指令成交概论 π_i^{dm} 比较大）。某会员之所以会提出最优的价格，与他的存货水平 I_i 有关。例如，某一会员的存货水平 I_i 高于最优的存货水平，他会倾向于提高买价 $P^0 - b_i^{dm}$ 或降低卖价 $P^0 + a_i^{dm}$，从而提高指令成交概率 $\pi_{i,a}^{dm}$，以减持外汇资产、降低存货水平 I_i。

　　因此，第 i 个会员的卖家比其他会员低的概率等价于他的存货水平比其他会员的高，即

$$\pi_{i,a}^{dm} = prob(P^0 + a_i^{dm} < P^0 + a_{-i}^{dm}) = prob(I_i > I_{-i})$$

结合会员们的存货水平服从独立分布的均匀分布 $U(-R, R)$，有

$$\pi_{i,a}^{dm} = prob(I_i > I_{-i}) = \prod_{j \neq i}^n U_j(I_i) = (I_i + R)^{n-1}(2R)^{1-n} \quad (4.15)$$

　　在零售市场上，由于市场透明度差，客户搜索成本 c 较高，提出最低卖价或最高买价的会员未必被撮合成交。而提出次优价格的会员可以通过免费在线服务、免费行情分析、增加杠杆率等手段吸引客户，这里将这些手段称为吸引系数 δ_i，令 $\delta_i > 1$。定义附加成本为 $\delta_i c$，从而客户选择第 i 个会员报价，当且仅当第 i 个会员报价 $P^0 + a_i^c$ 低于其他会员报价 $P^0 + a_{-i}^c$ 与附加成本 $\delta_i c$ 之和，即

$$\pi_{i,a}^c = prob(P^0 + a_i^c < P^0 + a_{-i}^c + \delta_i c)$$

　　与采取竞价方式的批发市场不同的是，第 i 个会员不必是所有会员中存货水平最高的，定义函数 $f : \delta_i c \to I_i$ 是附加成本 $\delta_i c$ 到存货水平 I_i 的映射，从而客户选择第 i 个会员报价，当且仅当第 i 个会员报价存货水平 I_i 高于其他会员存货水平与函数 $f : \delta_i c \to I_i$ 之差，即

$$\pi_{i,a}^c = prob(P^0 + a_i^c < P^0 + a_{-i}^c + \delta_i c) = prob(I_i > I_{-i} - f(\delta_i c))$$

$$(4.16)$$

在批发市场上采取询价交易方式，同样由于市场透明度差，客户搜索成本 c^{dOTC} 比较高，提出最低卖价或最高买价的会员未必容易被撮合成交。但与零售市场不同的是，批发市场上交易的会员，其企业性质相同，不需要像零售市场那样专门通过免费在线服务、免费行情分析、增加杠杆率等手段吸引其他会员，即不存在 δ_i。从而客户选择第 i 个会员报价，当且仅当第 i 个会员报价 $P^0 + a_i^{dOTC}$ 低于其他会员报价 $P^0 + a_{-i}^{dOTC}$ 与搜索成本 c^{dOTC} 之和，即

$$\pi_{i,a}^{dOTC} = prob(P^0 + a_i^{dOTC} < P^0 + a_{-i}^{dOTC} + c^{dOTC}) \qquad (4.17)$$

与竞价交易方式不同的是，第 i 个会员不必是所有会员中存货水平最高的，定义函数 $f:c^{dOTC} \to I_i$ 是搜索成本 c^{dOTC} 到存货水平 I_i 的映射，从而客户选择第 i 个会员报价，当且仅当第 i 个会员报价存货水平 I_i 高于其他会员存货水平与函数 $f:c^{dOTC} \to I_i$ 之差，即

$$\pi_{i,a}^{dOTC} = prob(I_i > I_{-i} - f(c^{dOTC})) \qquad (4.18)$$

由上述分析可以得出以下结论：

（1）会员在外汇批发市场上采取竞价方式交易的最优买价和最优卖价分别为

$$P^0 - b_i^{dm} = P^0 - [b_i^{\gamma,dm} + \overline{\gamma}\sigma^2(R - I_i)/n] \qquad (4.19)$$

$$P^0 + a_i^{dm} = P^0 + [a_i^{\gamma,dm} + \overline{\gamma}\sigma^2(R + I_i)/n] \qquad (4.20)$$

式中， $\qquad b_i^{\gamma,dm} = (\overline{\gamma}\sigma^2/2 + \beta^d)Q + \omega_i/Q + \overline{\gamma}\sigma^2 I_i \qquad (4.21)$

$$a_i^{\gamma,dm} = (\overline{\gamma}\sigma^2/2 + \beta^d)Q + \omega_i/Q - \overline{\gamma}\sigma^2 I_i \qquad (4.22)$$

则会员在批发市场上采取竞价交易方式时，保留买价为 $P^0 - b_i^{\gamma,dm}$，最优买价为 $P^0 - b_i^{dm}$；类似地，保留卖价为 $P^0 + a_i^{\gamma,dm}$，最优卖价为 $P^0 + a_i^{dm}$。

（2）会员在外汇批发市场上采取 OTC 询价方式交易的最优买价和

最优卖价分别为

$$P^0 - b_i^{dOTC} = P^0 - [b_i^{\gamma,dOTC} + \overline{\gamma}\sigma^2(R - I_i)/n + c^{dOTC}] \quad (4.23)$$

$$P^0 + a_i^{dOTC} = P^0 + [a_i^{\gamma,dOTC} + \overline{\gamma}\sigma^2(R + I_i)/n + c^{dOTC}] \quad (4.24)$$

式中，

$$b_i^{\gamma,dOTC} = (\overline{\gamma}\sigma^2/2 + \beta^d)Q + \omega_i/Q + \overline{\gamma}\sigma^2 I_i \quad (4.25)$$

$$a_i^{\gamma,dOTC} = (\overline{\gamma}\sigma^2/2 + \beta^d)Q + \omega_i/Q - \overline{\gamma}\sigma^2 I_i \quad (4.26)$$

则会员在批发市场上采取 OTC 询价交易方式时，其保留买价为 $P^0 - b_i^{\gamma,dOTC}$，保留卖价为 $P^0 + a_i^{\gamma,dOTC}$。

（3）会员在外汇零售市场上采取 OTC 询价方式的最优买价和最优卖价分别为

$$P^0 - b_i^c = P^0 - [b_i^{\gamma,c} + \overline{\gamma}\sigma^2(R - I_i)/n + \delta_i c] \quad (4.27)$$

$$P^0 + a_i^c = P^0 + [a_i^{\gamma,c} + \overline{\gamma}\sigma^2(R + I_i)/n + \delta_i c] \quad (4.28)$$

式中，

$$b_i^{\gamma,c} = (\overline{\gamma}\sigma^2/2 + \beta^c)Q + \omega_i/Q + \overline{\gamma}\sigma^2 I_i \quad (4.29)$$

$$a_i^{\gamma,c} = (\overline{\gamma}\sigma^2/2 + \beta^c)Q + \omega_i/Q - \overline{\gamma}\sigma^2 I_i \quad (4.30)$$

则会员在零售市场上只采取 OTC 询价交易方式时，其保留买价为 $P^0 - b_i^{\gamma,c}$，保留卖价为 $P^0 + a_i^{\gamma,c}$。

（4）会员在外汇批发市场上采取竞价方式的最优中间价和价差分别为

$$P_{i,Mid}^{dm} = P^0 - (n - 1)\overline{\gamma}\sigma^2 I_i/n \quad (4.31)$$

$$S_i^{dm} = (\overline{\gamma}\sigma^2 + 2\beta^d)Q + 2\omega_i/Q + 2R\overline{\gamma}\sigma^2/n \quad (4.32)$$

（5）会员在外汇批发市场上采取 OTC 询价方式的最优中间价和差价分别为

$$P_{i,Mid}^{dOTC} = P^0 - (n - 1)\overline{\gamma}\sigma^2 I_i/n \quad (4.33)$$

$$S_i^{dOTC} = (\overline{\gamma}\sigma^2 + 2\beta^d)Q + 2\omega_i/Q + 2R\overline{\gamma}\sigma^2/n + c^{dOTC} \quad (4.34)$$

（6）会员在外汇零售市场上采取 OTC 询价方式的最优中间价和差

价分别为

$$P^c_{i,Mid} = P^0 - (n-1)\bar{\gamma}\sigma^2 I_i/n \qquad (4.35)$$

$$S^c_i = (\bar{\gamma}\sigma^2 + 2\beta^c)Q + 2\omega_i/Q + 2R\bar{\gamma}\sigma^2/n + \delta_i c \qquad (4.36)$$

从上述分析可以看出，会员在零售市场和批发市场上，无论采取何种交易方式，其中间价都相同，即 $P^{dm}_{i,Mid} = P^{dOTC}_{i,Mid} = P^c_{i,Mid} = P^0 - (n-1)\bar{\gamma}\sigma^2 I_i/n$。另外，会员在不同市场不同交易方式的价差都受到外汇资产波动率的正向影响，即当出现外汇资产价格波动剧烈、会员对资产价格判断的不确定性增加的情形时，需要扩大价差弥补这种风险。会员在不同市场不同交易方式的价差都受到会员数量的反向影响，即当数量减少时，会员就会制定对他更有利的报价；当数量增加时，彼此间竞争加强，会员就会实行降低价差的策略吸引客户。

第5章
人民币汇率管理技术发展：
制约因素与对策措施

【本章摘要】发展人民币汇率管理技术，其具体内容包括发展方向、制约因素和对策措施等。其发展方向是由"传统型、分散型、粗放型、僵化型"转向"高新型、复合型、集约型、创新型"。当前，制约人民币汇率管理技术发展的因素主要是：一是缺乏"金融技术也是一种生产力"的管理理念；二是科学研究与技术研发成果同人民币汇率管理需求的严重脱节；三是缺乏人民币汇率管理技术发展的信息环境；四是缺乏服务于人民币汇率管理技术研发、创新与发展活动的专业人才等。发展人民币汇率管理技术的对策措施有：一是制订实施汇率管理技术的长远发展规划；二是探索建立政、学、研相结合的技术创新体系；三是积极培育我国外汇市场上合格的交易主体；四是加快推进现代金融技术的人才队伍建设；五是不断优化汇率管理技术发展的外部环境。

5.1　人民币汇率管理技术发展的基本思路与方向

创新和发展人民币汇率管理技术是不断提高人民币汇率管理效率的

重要手段。但在发展过程中，需要明确其发展的基本思路和基本方向。

5.1.1　人民币汇率管理技术发展的基本思路

发展人民币汇率管理技术，必须要有一个正确的基本思路，才能保证人民币汇率管理技术又好又快地发展。具体地说，需要把握好以下五个方面：

（1）发展人民币汇率管理技术必须以提高汇率管理效率和合理配置外汇资源为根本目的。人民币汇率管理技术是在汇率宏观管理过程中所形成的系统知识、管理方式和管理技能的总和，发展人民币汇率管理技术的目的在于为汇率管理提供更加高效的服务。因此，发展人民币汇率管理技术必须要以提高人民币汇率管理效率和合理配置外汇资源为根本目的。人民币汇率管理技术的一切创新发展活动必须围绕这个中心目的来进行。随着新的人民币汇率形成机制运行以来，汇率弹性的不断增大对汇率管理技术的要求越来越高。另外，汇率产品的创新也被提到了日程上来，如何利用汇率管理技术规避汇率风险等也需要认真研究和分析。

（2）发展人民币汇率管理技术必须以货币当局为主体，以外汇市场管理为导向。人民币汇率管理技术不同于一般的企业技术，在很大程度上，它具有公益性的特点。人民币汇率管理技术的发展不以商业应用为目的，其发展成果可以由不同的主体或其他国家同时享用或借鉴。但是，在国家主权利益存在的条件下，这种公益性不得损害人民币汇率管理技术创新主体的权益，这同时也表明了对技术成果要进行知识保护的重要性。当前，加速科技成果转化、促进科技成果向现实生产力的转移已成为贯彻"科教兴国"战略和科技发展的全局性工作，汇率管理部门应率先牵头组织，然后以市场管理为导向，特别是要适应世界汇率管理技术的最新发展趋势，认真研究和探索宏观管理工作中的汇率管理技术的创新点，着力提高人民币汇率的管理效率。

（3）发展人民币汇率管理技术必须以研究开发（R&D）为基础。研究开发（R&D）是人民币汇率管理技术发展的基础，研发水平越高，相应的创新能力就越强。研究开发（R&D）是指为了进行知识创造和知识应用而进行的系统性的创造性工作，是人们不断探索、发现和应用新知识的连续过程。① 它具体包括：基础研究（Fundamental Research）、应用研究（Applied Research）和技术开发（Technology Research）。三者的共同点是都具有一定的探索性、创造性和不确定性，都是在新的领域中进行的探索和开拓。但三者之间的不同点是非常突出的，具体表现为以下三个方面：

一是基础研究。它主要是为了获得关于现象和可观察事实的基本原理而进行的实验性或理论性工作，其目的在于揭示自然界物质运动的规律和获取新知识，是为推进科学发展进行的基础探索。它不以任何具体、专门或特定的商业应用为目的，主要成果的表现形式是科学论文和科学著作。基础研究是一系列开发研究活动的基础，也是科研能力的重要标志。

二是应用研究。它是指为获得新知识而进行的创新性研究，是对现有的科学知识和技术知识进行新的组合和综合。它具有明确的目的性，即探索基础研究中发现的新科学原理的实际应用的可能性。应用研究的成果通常表现为学术论文、著作、原理性模型或实验性模型。应用研究的成果一般不能直接用于具体的实际操作，尚有许多技术问题和经济问题需要由技术开发解决。

---

① 葛新权，等. 技术创新与管理［M］. 北京：社会科学文献出版社，2005：104.

三是技术开发。它是指利用从研究和实际经验中获取的现有知识，为提供新的管理服务和管理技能而进行的系统性工作。它又可以分为两个阶段：实验开发和过程开发。前者旨在开发新的管理技能和过程；后者则以具体的金融工程为对象，包括新的金融产品或管理技能的设计、试验或试点等。

研发活动是一个由众多部门和人员参加，投入巨大的人力、物力和财力资源，需要多个部门进行密切配合的一个动态过程[①]。为提高人民币汇率管理技术研发的效率，还要对其研发过程进行必要的管理，具体主要包括以下五个方面：

第一，研究开发的选题。选题的基本原则有两个：一是必要性原则；二是可能性原则。所谓必要性原则，是指根据人民币汇率管理的需要，结合国内外科技发展动态和趋势选择课题。所谓可能性原则，是指必须考虑现有技术力量（人力、技术水平）和综合经济社会效益等来选择课题。在选题过程中，必须做好情报调研工作，在调研的基础上进行课题论证，在论证过程中要准备好研究计划书等。

第二，研究开发的准备。本阶段的工作是以立项为主，认真组织力量，组建研究小组，确定研究方案，进行试点设计的准备等。组建研究小组是搞好科研工作的组织保证；确定合理的研究方案，是保证研究成功的关键；此外，研究小组还必须对研究过程制订实施进度计划，确保科研工作有步骤、按计划地完成。

第三，研究开发的实施。这一阶段可分为若干个主要环节，如试验试点、性能测试、数据整理与处理、调整数据参数与改进技术性能等。

第四，研究开发的控制。其主要任务是制订合理的研发计划，根据

---

① 葛新权，等. 技术创新与管理［M］. 北京：社会科学文献出版社，2005：129.

实施过程反馈的信息调整计划，协调各职能部门的活动，消除不必要的干扰因素。它具体包括成本控制、质量控制和进度控制等。在这里，及时准确地获取各种必要的信息是有效进行开发过程控制的前提。获取信息的途径主要有三种：一是直接观察，获取第一手资料；二是通过信件、电话、计算机网络等获取信息；三是会议，即召开有关人员参加的会议，由各项活动的负责人报告项目进展情况等。

第五，研究开发项目的监督。高层管理者要经常关注、关心项目的进展，在资源配置与保障上予以支持，同时要对项目的实施情况进行监督和指导。

（4）发展人民币汇率管理技术必须以技术创新为主线。发展人民币汇率管理技术离不开技术创新，技术创新是贯穿于发展人民币汇率管理技术整个过程的一条主线。创新人民币汇率管理技术要选择以政府为主导，坚持"政学研"联合创新为主要形式。特别是对于具有战略意义的创新项目，需要由政府出面、出资、出题，联合科研机构和研究型大学共同开发。同时，还要重视人民币汇率管理技术创新能力的培养，不断提高技术创新能力，形成"创新——积累——发展——创新"的良性循环。一般来说，技术创新能力又可分解为创新投入能力、创新管理能力以及创新实施能力等。

所谓创新投入能力，是指在技术创新活动中所投入的资源数量和质量。它集中体现在资金投入和人员投入两个方面。资金投入是指从研究开发到新技能形成等创新过程中所需资金的筹集能力和运转能力。人员投入是指研究开发中所需要的人员的招聘、培训与调配的能力等。

所谓创新管理能力，是指从整体上、战略上安排技术创新和组织实施技术创新的能力。它具体体现在三个方面：一是技术创新战略管理能力（即选择技术创新的主攻方向，合理配置有限的创新资源，求得最大的社会效益和经济效益的能力）；二是技术创新机制的建立与运作能力（能够使创新人员人尽其才、晋奖激励、沟通顺畅、合作有效的能力）；三是技术创新过程管理能力（面对创新过程的复杂性和风险性作出决策的应变能力）等。

所谓创新实施能力，是指在保证创新投入的前提下，将创新设想变成可操作性技能，并达到预期目的的能力。它具体包括研究开发能力，如技术选择能力（跟踪预测技术发展动态、确定研发方向、选择开发项目的能力），解决技术问题的能力（运用现有知识解决问题、通过研发新知识突破技术难题的能力）以及研发组织能力（分解技术问题、选择合作伙伴、监督检查合作项目的能力）。

（5）发展人民币汇率管理技术必须以深化科技改革为动力。发展人民币汇率管理技术必须以深化科技改革为动力。首先，在科技政策上要鼓励科研机构和研究型大学积极树立为国家宏观经济管理提供科技服务的大局意识，促进他们主动收集汇率管理对科技需求的信息，并据此调整自身的研究方向；促进科研机构与金融管理部门建立定点联系，帮助金融管理部门及时解决科技难题。其次，尽快实现"政学研"相结合，科研机构和研究型大学在搞好自身科研的同时，应面向经济建设主战场，大力搞好金融管理部门急需的科技成果的研制工作。一方面，尽最大可能发挥现有国家重点实验室和部门实验室的作用，使之向金融管理部门有偿开放；另一方面，国家要进一步有计划地投资建设若干新的中试基地，在设备、人员和场所方面提供必要的中试条件，确保中试的技术成果快速高效地转化为宏观经济管理的手段。最后，强化科技成果转化的激励机制，从政府、科研机构到研究型大学都要对科技成果的转化提供政策优惠，并根据其贡献给予必要的物质奖励和精神奖励等。

5.1.2　人民币汇率管理技术发展的现状特征与基本方向

人民币汇率管理技术发展的基本方向是什么，如何发展人民币汇率管理技术？这里的关键是要弄清现行人民币汇率管理技术的现状与存在问题是什么，只有这样，才能有的放矢、对症下药。

（1）人民币汇率管理技术发展的现状特征。从整体上看，我国宏观经济管理的技术含量普遍较低，但从我国人民币汇率管理技术的发展现状看，又突出存在以下四个特征：

①"传统型"特征。现行人民币汇率管理技术具有传统型的特征，具体表现为偏重经验积累的落后技术，缺乏对现代科学技术的借鉴与运用，有时甚至是个别管理者的主观意志，还不能从科学技术的视角去把握人民币汇率管理的内在运动规律，不能满足人民币汇率管理的现代要求。

②"分散型"特征。现行人民币汇率管理技术具有分散型的特征，具体表现为各学科知识相互独立、互不交叉、相互分离等状况，不能从系统论的角度把握人民币汇率管理技术的发展规律，不能满足技术与经济、社会、人文等密切联系的发展要求。

③"粗放型"特征。现行人民币汇率管理技术具有粗放型的特征，具体表现为汇率管理技术的发展基础薄弱，而且只靠人力、物力以及财力的简单的数量投入，缺乏后续的监督和检查以及有效的质量管理，结果造成了不必要的资源浪费。特别是在国家技术创新的政策支持和税收优惠的制度体系还不完善的情况下，一些科技成果转化的效率比较低。

④"僵化型"特征。现行人民币汇率管理技术具有僵化型的特征，具体表现为技术创新能力不高、创新动力不足、技术人才缺乏合理流动、科技成果转化的机制不顺畅等情况，因而致使技术创新平台的网络

化、国际化程度不高，其技术成果不能满足瞬息万变的世界经济变动趋势等。

（2）人民币汇率管理技术发展的基本方向。鉴于现行人民币汇率管理技术存在着上述特征，人民币汇率管理技术发展的未来方向，必须实现由"传统型、分散型、粗放型、僵化型"，向"高新型、复合型、集约型、创新型"的方向转化。

第一，要由"传统型"技术向"高新型"技术转变。发展人民币汇率管理技术一定要适应现代世界经济发展的新趋势和人民币汇率管理的现实需要。人民币汇率管理技术的发展要以最新成就为基础，要突出"前沿"的特征，以高新技术（high and new technology）① 为目标。高新技术是一种建立在科学基础上的最新尖端技术，它需要广泛利用现代计算机技术、网络技术、工程技术、信息技术等，使得技术创新的各个环节可以在共享的信息平台上及时地、并行地交流工作信息。网络技术的应用使得组织内部、组织之间的结构和边界可能具有更大弹性，其利用资源的范围有了较大的拓展。

第二，要由"分散型"技术向"复合型"技术转变。所谓复合型，是指将传统技术与高新技术之间相互渗透、相互促进、相互融合，或软件技术与硬件技术之间相互融合而产生新的复合型技术等。未来人民币汇率管理技术的发展要体现复合型的特点，只有这样，才能适应复杂多

---

① 高新技术是一个相对概念，如发达国家的非高新技术在发展中国家中可能就是高新技术，这种技术水平只是反映了高新技术在某一时点上的静态距离。此外，现在所谓的高新技术在将来也许会被认为是传统技术，即不同时间同一高新技术的价值标准产生了变化，这说明高新技术具有动态性。按照联合国组织的分类，当今高新技术主要包括信息技术、生物科学技术、新能源与可再生能源科学技术、新材料科学技术、空间科学技术、海洋科学技术、环境科学技术和管理科学技术八种（引自：董景荣. 技术创新扩散的理论、方法与实践［M］. 北京：科学出版社，2009：46－47.）。

变的汇率管理需要。

第三，要由"粗放型"技术向"集约型"技术转变。未来人民币汇率管理技术的发展要突出涵盖技术密集、知识密集、信息密集以及智力密集等特点，走集约型的发展道路。这既是人民币汇率管理技术自身发展规律的内在要求，也是加强人民币汇率宏观管理的客观要求。

第四，要由"僵化型"技术向"创新型"技术转变。僵化的技术不能满足瞬息万变的汇率管理要求和世界经济金融发展的总趋势，必须加快人民币汇率管理技术的创新步伐，增强创新动力，使人民币汇率管理技术的发展及时满足人民币汇率管理的需要。

5.2　人民币汇率管理技术发展的制约因素

改革开放以来，随着社会主义市场经济体制的确立与完善，特别是随着人民币汇率制度改革和人民币汇率形成机制转变以来，人民币汇率管理技术的创新与发展已取得明显进步，汇率管理技术的创新已经对人民币汇率的管理效率产生极大的积极作用。但同时也暴露出了人民银行在技术创新与发展方面所存在的问题与不足。在这些问题与不足中，有很多问题是普遍存在的问题，这些问题已经成为人民币汇率管理技术创新与发展的制约性因素。具体表现为内部因素和外部因素两个方面。

5.2.1　影响人民币汇率管理技术发展的内部因素

从人民币汇率管理技术发展情况看，影响人民币汇率管理技术发展的内部因素主要有以下三个方面：

（1）科学研究和技术开发成果与人民币汇率管理需求的严重脱节。长期以来，我国科技成果中每年出自科研机构和研究型大学的比例占有很大比重，然而由于成果产生单位与应用单位之间缺少有机联系，使得这些成果在产生之初就没有明确的应用对象和形成应用的条件。科研单位在课题设计时更多的是关注研究成果的档次和水平，并没有充分考虑研究成果的应用状况。加上这些科研成果缺乏必要的试验或试点手段，使得一些重大科技成果的科技成熟性不够高、配套性不强、工艺性差，从而导致大量科技成果不能直接应用于真正的汇率管理过程之中。

（2）作为汇率管理的主体——中国人民银行在汇率宏观管理中缺乏应用科技成果的动力。从我国人民币汇率管理的实际情况看，由于技术管理意识的落后，对于汇率的管理仍然是较多地考虑粗放的定性管理，而很少考虑定量管理。在宏观管理手段方面，还没有及时同世界汇率管理的趋势接轨，而以科技创新为主的内涵式管理方式还没有真正成为人民币汇率管理战略的主流，致使人民币汇率管理的效率还不够高。

（3）适合人民币汇率管理的科技成果转化的市场管理机制尚未建立。目前，科技成果转化的市场管理机制还没有完全建立起来，技术市场发育不完善，缺少区域性、全国性的切实有效的信息网络。特别是，适合我国宏观经济管理中的技术转化市场还几乎是一个空白。另外，现有的技术中介机构由于服务能力不强和从业人员素质较低等原因，多数只能起到联络沟通作用，无法对技术成果进行深层次的服务与咨询，这些也影响了科技成果的转化成功率和服务效率。由此，导致了人民币汇率管理技术不能得到及时的认可和认定等。

5.2.2 影响人民币汇率管理技术发展的外部因素

从人民币汇率管理技术的发展情况看，影响人民币汇率管理技术发展的外部因素主要有以下四个方面：

（1）汇率管理部门仍缺乏"金融技术也是一种生产力"的管理理念。改革开放以来，随着市场机制的不断建立和完善，人们对于诸如企业专利技术、专有技术等越来越重视，但对于管理科学中的管理技术问题并没有给予足够的重视。人们对于科学技术是一种生产力的思想也已经接受，但对于作为科学技术一个重要组成部分的金融技术也是一种生产力的认识，并没有真正树立起来。因而，导致在诸多宏观经济管理中，轻视或不足够重视管理技术的地方和行为比比皆是。人民币汇率管理技术作为宏观经济管理技术的一个重要组成部分，必须受到足够的重视。只有这样，才能不断提高人民币汇率管理的效率。

（2）政府对人民币汇率管理技术的科研投入不足。科研投入是技术创新与发展的根本保障。它包括人力投入、智力投入、时间投入、物力投入以及经费投入等。人们一直认为，只有企业的技术创新与发展才需要投入，而管理科学中的技术研究不需要投入，这的确是一种严重的误区。事实上，人民币汇率管理技术属于管理科学技术的一个重要组成部分，它与企业技术一样，需要进行投入，需要进行成本和效益的核算。只有加强对人民币汇率管理技术的科研投入，才能保证其具有可持续的创新与发展的动力。

（3）缺乏创新与发展人民币汇率管理技术的信息环境。宏观经济管理需求是人民币汇率管理技术创新的根本动力。只有针对宏观经济管理市场需求而进行的技术创新活动才是有意义的。这就要求金融管理部门要有较高的获取信息、处理信息和管理信息的能力，才能及时捕获创新信息，不断满足人民币汇率管理的技术需求。然而，一直以来，由于技术信息的缺乏，使得金融管理部门难以把握金融管理技术领域的发展动态和发展趋势，进而影响了我国汇率管理技术创新与发展步伐。

（4）缺乏服务于人民币汇率管理技术创新与发展的专业人才。人才是技术创新和发展的核心。创新机会的发现和把握需要高素质的领导人才，研究开发活动需要高素质的技术人才，创新活动的组织、管理与协调也需要高素质的管理人才。缺乏高素质的人才，技术创新活动就难以开展，更难以取得成功。然而，由于管理部门对人力资源的作用缺乏充分的认识，只注重人才使用，而忽视人才开发，致使真正懂得人民币汇率管理技术的专业人才相当的奇缺，这直接影响和制约了人民币汇率管理技术创新与发展的后劲。

5.2.3 经济投入对汇率管理技术发展的影响的定量分析

汇率管理技术是在一定的实践经验积累的基础上产生的，并反过来对实践活动起主导作用。从汇率管理技术成果的积累到汇率管理技术成果的应用，起决定性作用的是汇率管理技术成果产生和应用的条件：一种是人本身的因素；另一种是客观事物的规律性。

从汇率管理技术成果产生的方面看，其决定性作用的条件有：（1）技术研究的投入，包括资金、人力、物力和其他资源。（2）汇率管理技术成果所反映出来让人所感知的程度，它包括两个方面的内涵：一是汇率管理技术成果本身所表现的程度；二是人们对这种表现的感知程度。这两个方面可以用汇率管理技术的知识存量 $\sum p_t$ 来描述，在假设汇率管理技术研究的投入只有资金和人力的情况下，根据微观经济学的生产理论，汇率管理技术成果的生产函数可以用下述函数表示：

$$p_t = G(L_t, K_t, \sum p_{t-1}) \tag{5.1}$$

式中，p_t 为 t 期汇率管理技术生成量；L_t 为 t 期劳动力的投入；K_t 为 t 期资金的投入；$\sum p_{t-1}$ 为 $1 \sim t-1$ 期的汇率管理技术知识存量。显然有

$$\sum p_t = \sum p_{t-1} + p_t$$

令

$$Z_t = \sum p_{t-1} \tag{5.2}$$

则式（5.1）、式（5.2）表示为

$$\begin{cases} p_t = G(L_t, K_t, Z_t) \\ Z_t = Z_{t+1} - p_t \end{cases} \tag{5.3}$$

对式（5.3）中的上式两边求导得

$$\frac{\mathrm{d}p_t}{\mathrm{d}t} = \frac{\partial p_t}{\partial L_t} \cdot \frac{\partial L_t}{\partial t} + \frac{\partial p_t}{\partial K_t} \cdot \frac{\partial K_t}{\partial t} + \frac{\partial p_t}{\partial Z_t} \cdot \frac{\partial Z_t}{\partial t}$$

令

$$\varphi_L = \frac{\partial p_t}{\partial L_t}, \ \varphi_K = \frac{\partial p_t}{\partial K_t}, \ \varphi_Z = \frac{\partial p_t}{\partial Z_t}$$

则

$$\frac{\mathrm{d}p_t}{\mathrm{d}t} = \varphi_L \frac{\partial L_t}{\partial t} + \varphi_K \frac{\partial K_t}{\partial t} + \varphi_Z \frac{\partial Z_t}{\partial t}$$

即

$$\frac{\mathrm{d}p_t}{\mathrm{d}t} - \varphi_Z \frac{\partial Z_t}{\partial t} = \varphi_L \frac{\partial L_t}{\partial t} + \varphi_K \frac{\partial K_t}{\partial t} \tag{5.4}$$

定义 $T = \frac{\mathrm{d}p_t}{\mathrm{d}t} - \varphi_Z \frac{\partial Z_t}{\partial t}$，其含义是广义的汇率管理技术增长率，即现期汇率管理技术成果的生产率与上期汇率管理技术成果知识存量的增长率和知识存量弹性乘积的差值，所以，

$$T = \varphi_L \frac{\partial L_t}{\partial t} + \varphi_K \frac{\partial K_t}{\partial t}, \tag{5.5}$$

式（5.4）、式（5.5）中，φ_L 为汇率管理技术成果的劳动力弹性系数；φ_K 为汇率管理技术成果的资本弹性系数；φ_Z 为汇率管理技术成果的知识存量的弹性系数。

由 T 的定义可知，若上期的知识存量不变，即 $\frac{\partial Z_t}{\partial t} = 0$，则 $T =$

$\dfrac{\partial p_t}{\partial t}$，即现期的汇率管理技术增长率仅随 L、K 的变化而变化；当 $\dfrac{\partial Z_t}{\partial t} >$

0 时，汇率管理技术成果增长率呈 $T + \varphi_z \dfrac{\partial Z_t}{\partial t}$ 的速度变化。这样，式（5.5）就把汇率管理技术增长率与两个重要的经济指标联系起来了。

可见，经济投入对于汇率管理技术发展的影响具有重要的制约作用。当然，除了上述两种重要投入外，其他投入如智力投入、时间投入以及设备投入等对汇率管理技术发展同样具有重要的制约作用，这里不再作类似的分析。

5.3　发展人民币汇率管理技术的对策措施

当今国际国内形势正发生着新情况和新态势，特别是面对国际金融危机的继续蔓延和深化，更要求我们必须重视创新和发展人民币汇率管理技术。就目前来看，应着重采取以下对策措施。

5.3.1　制订实施汇率管理技术的长远发展规划

制订实施人民币汇率管理技术的长远发展规划，有计划、有步骤地推动人民币汇率管理技术的发展进程，是人民币汇率管理技术选择正确发展方向的重要保障。要根据人民币汇率管理的实际需要，制定切实可行的近期目标、中期目标和长远目标。在制订人民币汇率管理技术的长远发展规划时，要设立专门的组织机构，加强组织领导，做好总体设计，明确各阶段、各职能部门的责任；要有强有力的项目管理者，监督检查进度和质量，协调部门间的衔接，组织必要的部门之间的合作等。因此，需要统筹兼顾、多方协调，对人民币汇率管理技术的发展规划作出战略性安排。

5.3.2　探索建立政、学、研相结合的技术创新体系

加快人民币汇率管理技术发展的步伐，探索建立政府引导和协调下的联合创新，鼓励科研机构和研究型大学以科研项目为纽带进行联合创新，以实现优势互补和资源共享。在利益共享、风险共担、责权利对等的原则下，鼓励科研机构和研究型大学之间进行各种形式的联合。科技部门可以以项目申报总体情况为依据编制课题指南，通过招标方式选择项目最终承担者。对于那些需要跨行业、跨学科合作的项目，可由政府出面协调，集中力量，进行项目的研究开发。同时，要处理好基础科学技术研究、应用科学技术研究和技术开发研究三者之间的关系，可通过政府的科技计划进行不同的倾斜与激励。另外，要建立和完善技术创新政策和法规体系，切实加强国家的宏观调控。加强政府与各级技术创新活动直接相关的部门的合作，做到分工合理、步调一致、政策统一等，不断激发创新者的创新动力和创新积极性。

5.3.3　积极培育我国外汇市场上合格的交易主体

发展人民币汇率管理技术的根本目的是不断为外汇市场的宏观管理提供服务，而服务的对象是外汇市场上的各类交易主体。一般来说，成熟的外汇市场更加重视技术成果的吸收和利用，而合格的市场交易主体是外汇市场成熟的重要标志。从这个意义上说，外汇市场交易主体的行为是直接影响人民币汇率管理技术实施效率的重要因素。因此，要通过进一步深化金融、贸易、外汇体制等方面的改革，理顺各种关系，培育外汇市场上真正的合格交易主体，规范交易者的交易行为。在这种情况下，人民币汇率管理技术特别是汇率产品管理技术的创新与发展才有可靠的需求基础。

5.3.4 加快推进现代金融技术的人才队伍建设

发展人民币汇率管理技术是一项复杂的系统工程，其中专业人才的培养是关键。不论是创新人民币汇率管理技术，还是运用人民币汇率管理技术，都需要大量的专业人才。政府部门应当树立人才资源是第一资源的观念，加强人力资源能力建设，通过实施"育才工程"、"聚才工程"和"引智工程"，构建人力资源支撑体系，努力建设有利于优秀人才脱颖而出和充分发挥作用的体制、机制和环境。首先，要加强领导，充分认识人才建设的重要性；其次，要充分调动各类从业人员积极学习专业知识、管理技术和业务技能的积极性，加快各种专业技能人才的培养。为此，可考虑采取以下具体措施：一是采取切实有效措施，稳定、用好现有科技人才队伍，重点培养一批掌握世界前沿知识、具有国内领先水平的科技领军人才；二是积极创造条件，优化人才环境和创业环境，构建留学人员创业平台，加快吸引海外高层次人才；三是着眼于全体管理者素质的提高，加强组织学习①，同时通过岗位培训等方式，从整体上提高现有科技人员的技术水平和综合素质；四是通过政府支持、行业协会协助，依托知名大学院校和科研机构，组建相应的行业人才信息库，推动人才合理流动，为人民币汇率管理技术的创新与发展提供智力保障。

---

① 组织学习这一概念是由美国学者阿吉瑞斯（Chris Argyris）和舍恩（Donald A. Schon）于1978年在他们的著作《组织学习：行为透视理论》中首次提出的。他们对组织学习的描述是：企业在特定的行为和文化下，建立和完善组织的知识和运作方式，通过不断应用相关工具与技能来增强企业适应性与竞争力的方式。从本质上说，组织学习是一种包括一系列不同于个体学习的活动，它超越了一个组织内部个体学习的简单相加，是一个在个体学习的基础上，实现知识共享并进行知识创新的社会过程（引自：董景荣. 技术创新扩散的理论、方法与实践［M］. 北京：科学出版社，2009：399.）。

5.3.5　不断优化汇率管理技术发展的外部环境

发展人民币汇率管理技术需要一个良好的外部环境，它具体包括经济环境、政策环境、社会环境以及信息环境等。而人民币汇率管理技术的创新与发展可以视为适应外部环境的变化而进行的一种有效手段，通过对外部环境的了解与分析，可以明确自身在技术创新与发展上能做什么和应该做什么。

经济环境因素在很大程度上影响着人民币汇率管理技术的创新采用行为和创新供给行为，从而影响着技术创新的速度和范围。政策环境因素主要是为技术创新的采用者和供应者创造一个良好的外界环境，以利于汇率管理技术的研发、应用与创新的良性循环。社会环境因素主要对汇率管理技术的发展产生一种制约作用。信息环境直接影响着对汇率管理技术创新信息的快速反应能力和交流能力等。因此，通过不断优化外部环境，一方面可以不断激发汇率管理部门的技术创新动力；另一方面又可以大大减少发展人民币汇率管理技术过程中的各种创新风险。所谓技术创新风险，是指由于外部环境的不确定性、技术创新项目的难度和复杂性，以及创新者自身能力与实力的有限性，而导致技术创新活动达不到预期目标的可能性与后果。影响技术创新成败的因素比较多，遇到的风险也较多，如政治风险、社会风险、市场风险以及管理决策风险等。

另外，还要充分利用国际研究资源，同国外的一流科研机构、高等学校和公司等进行技术合作开发；借鉴国外汇率管理技术创新的经验，加强人民币汇率管理技术信息的基础设施建设；同时，要创造国际汇率管理技术合作与交流的良好环境与氛围，积极参与国际汇率管理技术的创新活动等。

第6章
结论与思考

6.1　几个重要的结论

人民币汇率管理技术问题是一个新兴而又复杂的课题。从上述各章的研究分析中，我们可以得出以下六个重要的结论：

（1）所谓人民币汇率管理技术，是指人民银行为了实现人民币汇率的基本稳定，而在管理人民币汇率过程中，针对人民币汇率的决定、运行、变动或波动等所采用的一系列的知识、经验和技能的系统总和。它具有系统性、综合性、预测性、定量性和可操作性等特点。从内容体系上看，人民币汇率管理技术具体包括三种形态：知识形态、经验形态和技能形态。

（2）人民币汇率管理技术作为金融技术的重要组成部分，也是一种重要的生产力。从功能作用上看，它具有规范汇率运行、干预汇率波动、预测汇率走势、控制汇率风险、反映汇率信息和优化外汇资源配置等六种职能。它对于提高人民币汇率的管理效率和增强人民币的国际竞争力等都具有十分重要的作用。

（3）重视构建人民币汇率管理技术的内容体系。从汇率管理技术发展的一般逻辑看，人民币汇率管理技术体系的构建应包括四个层次：

研究开发层次、应用层次、创新层次与发展层次。其中重点是人民币汇率管理技术的创新层次。

（4）发展人民币汇率管理技术的关键在于创新。汇率管理技术创新的根本目的是通过减少外汇交易成本、规避外汇交易风险和集散外汇交易信息等，提高人民币汇率的管理效率。一般来说，汇率管理技术创新与汇率高效管理之间存在着正相关的关系。

（5）人民币汇率管理技术的创新与发展之间是一个相互依赖和相互促进的关系。要以提高人民币汇率管理效率为目的，进一步完善人民币汇率形成机制，合理构建人民币汇率管理技术创新的内容体系，全面发展人民币汇率管理技术。

（6）历史经验表明，没有单一的汇率制度适合于同一时期的所有国家或同一国家的所有时期。因此，人民币汇率制度的改革必须与时俱进，人民币汇率制度的选择最终要反映我国的国家利益，这是基于我国经济内外平衡基础上作出的自主决定。随着国际金融形势的变化，特别是随着人民币国际化步伐的加快，未来的人民币汇率形成机制必须重视市场决定性作用的充分发挥和汇率预期的合理引导。相应地，人民币汇率管理技术也需要不断地创新与发展。

6.2　值得思考的若干问题

鉴于人民币汇率管理技术问题是一个新兴而又复杂的课题，本书只是对其进行了一些粗线条的梳理和分析，尚有许多更重要、更深入的问题值得进一步地思考、关注与研究。具体地说，主要有以下八个方面：

（1）关于人民币汇率管理技术概念的内涵与外延的界定问题。明确提出人民币汇率管理技术的概念问题在我国尚属首次，本书提出的概念是否符合人民币汇率管理技术的实质内涵与基本特征？如何进一步界定其内涵和外延？

（2）关于人民币汇率管理技术的内容体系的构建问题。本书只是作了一种尝试性的探索，那么，人民币汇率管理技术的内容体系应该是什么？如何构建其内容体系？

（3）关于人民币汇率管理技术的创新体系问题。本书只是对其主要内容进行了概念性的描述，其具体的创新内容、创新机制、创新路径以及创新环境等是什么？

（4）关于人民币汇率管理技术创新与汇率管理效率之间的关系问题。二者之间存在怎样的关系？汇率管理技术创新对汇率管理效率有什么影响？其传递机制是什么？能否通过实证分析或构建数学模型加以检验等？

（5）关于人民币汇率管理技术的发展问题。本书也只是对其发展的基本方向和基本思路提出了初步的看法，至于人民币汇率管理技术未来应该如何发展？其发展目标和路径是什么？制约其发展的因素有哪些？如何加快其发展等？

（6）关于人民币汇率管理技术的创新与发展之间的关系问题。如何处理好两者之间的相互依赖关系？人民币汇率管理技术创新需要的条件与环境是什么？如何创造条件和改善环境等？

（7）关于国际主要货币汇率管理技术的梳理和借鉴问题。就世界范围来看，美元汇率管理技术、英镑汇率管理技术和日元汇率管理技术的发展起步较早，并取得了较高的发展水平。其主要经验与教训有哪些？

（8）关于人民币汇率管理技术的相关问题，如人民币加入 SDR 对汇率管理技术的影响问题，利率汇率市场化背景下汇率管理技术的创新发展问题，双向开放背景下汇率管理技术的国际合作以及安全防范问题等。

　　总之，人民币汇率管理技术问题是我国汇率管理研究中一项崭新的课题，对其进行系统深入地分析和研究的工作才刚刚开始。我们决不能企图一蹴而就，毕其功于一役；相反，则需要百倍的科学思维和细心求证，才能得到经得起实践检验的结论或结果。

参考文献

［1］陈彪如．人民币汇率研究［M］．上海：华东师范大学出版社，1992．

［2］陈彪如，等．国际金融学［M］．成都：西南财经大学出版社，1997．

［3］陈岱孙，厉以宁．国际金融学说史［M］．北京：中国金融出版社，1997．

［4］储幼阳．论汇率制度转换［M］．北京：社会科学文献出版社，2006．

［5］戴世宏．一篮子汇率的理论与实践［M］．北京：中国金融出版社，2007．

［6］冯用富．汇率制度：理论框架与中国金融进一步开放中的选择［M］．四川：西南财经大学出版社，2001．

［7］傅建设．现代汇率经济学［M］．上海：上海社会科学院出版社，1998．

［8］傅章彦．人民币实际汇率的决定、演变与失衡研究［M］．北京：中国金融出版社，2011．

［9］管涛．外汇管理论与实务［M］．北京：中国金融出版社，

2007.

[10] 国家外汇管理局. 中华人民共和国外汇管理条例［A／OL］. (1997 – 1 – 14）. http：//www. pkulaw. cn/fulltext_ form. aspx？Gid = 17004.

[11] 胡再勇. 人民币汇率的决定模型及变化趋势研究［M］. 北京:经济科学出版社, 2014.

[12] 黄达. 货币银行学［M］. 北京：中国人民大学出版社, 2000.

[13] 黄瑞玲. 汇率稳定机制［M］. 北京：社科文献出版社, 2005.

[14] 黄泽民. 浮动汇率制与金融政策［M］. 上海：上海人民出版社, 1997.

[15] 姜波克, 陆前进. 汇率理论与政策研究［M］. 上海：复旦大学出版社, 2000.

[16] 姜波克, 等. 人民币均衡汇率问题研究——中国经济增长的汇率条件：理论、方法、技术与指标［M］. 北京：经济科学出版社, 2011.

[17] 李平, 杨清仿. 人民币汇率：理论、历史、现状及其发展［M］. 北京：经济科学出版社, 1999.

[18] 李杨, 王国刚, 等. 中国金融发展报告（2006）［M］. 北京:社会科学文献出版社, 2006.

[19] 林楠. 国际货币体系多元化与人民币汇率动态研究［M］. 北京：经济管理出版社, 2014.

[20] 刘海虹. 人民币汇率制度安排的产权经济学分析［M］. 北京:中国经济出版社, 2001.

［21］刘明康．领导干部国际金融知识读本［M］．北京：经济科学出版社，2002．

［22］刘阳．均衡汇率与人民币汇率机制改革［M］．成都：西南财经大学出版社，2006．

［23］陆前进．人民币汇率：现实、理论与政策［M］．上海：立信会计出版社，2010．

［24］吕进中．中国外汇制度变迁［M］．北京：中国金融出版社，2006．

［25］潘国陵．国际金融理论与数量分析方法［M］．上海：上海人民出版社，2000．

［26］施建淮．汇率经济学研究［M］．北京：中国社会科学出版社，2010．

［27］孙杰．汇率与国际收支［M］．北京：经济科学出版社，1999．

［28］唐国兴，徐剑刚．现代汇率理论及模型研究［M］．北京：中国金融出版社，2003．

［29］王广谦．20世纪西方货币金融理论研究：进展与述评［M］．北京：经济科学出版社，2003．

［30］王叙果．汇率制度安排与国家金融安全［M］．北京：经济科学出版社，2006．

［31］伍海华，等．汇率波动复杂性［M］．北京：中国社会科学出版社，2009．

［32］武良成．转型国家的汇率制度选择与经济稳定性研究［M］．北京：中国经济出版社，2006．

［33］吴念鲁，陈全庚．人民币汇率研究［M］．北京：中国金融

出版社，1989.

[34] 吴晓灵．中国外汇管理 [M]．北京：中国金融出版社，2001.

[35] 奚君羊，曾振宇．汇率及其制度安排的微观分析 [M]．北京：中国金融出版社，2006.

[36] 向松祚．不要玩弄汇率 [M]．北京：北京大学出版社，2006.

[37] 谢赤，等．汇率预测与外汇干预研究 [M]．北京：科学出版社，2013.

[38] 许少强，马丹．实际汇率与中国宏观国际竞争力管理研究 [M]．上海：复旦大学出版社，2006.

[39] 许少强，李天栋，姜波克．均衡汇率与人民币汇率政策 [M]．上海：复旦大学出版社，2006.

[40] 许少强，朱真丽．1949—2000 年人民币汇率史 [M]．上海：上海财经大学出版社，2002.

[41] 杨帆．人民币汇率改革与金融创新 [M]．北京：中国青年出版社，1996.

[42] 杨帆．人民币汇率研究：兼论国际金融危机与中国涉外经济 [M]．北京：首都经贸大学出版社，2000.

[43] 余维彬．汇率稳定政策研究 [M]．北京：中国社会科学出版社，2003.

[44] 章和杰．人民币一篮子货币汇率制度中权重的建构 [M]．北京：中国社科学出版社，2005.

[45] 张晓朴．人民币均衡汇率研究 [M]．北京：中国金融出版社，2001.

[46] 张礼卿. 汇率制度变革——国际经验与中国选择 [M]. 北京：中国金融出版社，2005.

[47] 张晓莉. 货币篮子设计、汇率适度弹性：人民币汇率形成机制研究 [M]. 北京：经济科学出版社，2013.

[48] 朱鲐华. 人民币汇率问题研究 [M]. 北京：人民出版社，2007.

[49] 安妮·克鲁埃格. 汇率决定论 [M]. 张志超，译. 北京：中国金融出版社，1990.

[50] 保罗·克鲁格曼. 汇率的不稳定性 [M]. 张兆杰，等译. 北京：北京大学出版社，2000.

[51] 保罗·克鲁格曼. 国际经济学 [M]. 海闻，等译. 北京：中国人民大学出版社，1998.

[52] 保罗·霍尔伍德. 国际货币与金融（中文版）[M]. 北京：北京师范大学出版社，1996.

[53] 劳伦斯·S. 科普兰. 汇率与国际金融（第三版）[M]. 北京：中国金融出版社，2002.

[54] 罗伯特·蒙代尔. 蒙代尔经济学文选（1～6卷）[M]. 北京：中国金融出版社，2003.

[55] 迈克尔·梅尔文. 国际货币与金融 [M]. 欧阳向军，等译. 上海：上海三联书店，1991.

[56] F. S. 米什金. 货币金融学 [M]. 李扬，等译. 北京：中国人民大学出版社，1998.

[57] 约瑟夫·斯蒂格利茨，布鲁斯·格林沃尔德. 通往货币经济学的新范式 [M]. 陆磊，张怀清，译. 北京：中信出版社，2005.

[58] 露西沃·萨诺，马克·P. 泰勒. 汇率经济学 [M]. 何泽荣

主译．成都：西南财经大学出版社，2006.

［59］艾玛·A. 穆萨．汇率预测技术与应用［M］．刘君，等译．北京：经济管理出版社，2011.

［60］艾军．西方国家汇率预测技术的发展［J］．国际金融研究，1987（3）.

［61］卜永祥，秦宛顺．关税、货币政策与中国实际均衡汇率［J］．经济研究，2002（5）.

［62］卜永祥，Rod Tyers. 中国均衡实际有效汇率，一个总量一般均衡分析［J］．经济研究，2001（6）.

［63］曹广喜，等．人民币汇率弹性调整对我国汇市与股市关系的影响——基于长记忆 VAR－（BEKK）MVGARCH 模型［J］．数理统计与管理，2014（11）.

［64］陈炳才．美元欧元日元地位变化趋势及其对人民币汇率机制的启示［J］．管理世界，2001（6）.

［65］陈浪南．联合外汇干预的实证研究［J］．经济研究，2004（5）.

［66］陈平．人民币汇率非均衡分析与汇率制度的宏观效率［J］．经济研究，2002（6）.

［67］陈平，王曦．现阶段人民币汇率的决定及汇率制度改革的中短期安排［J］．国际金融研究，1997（9）.

［68］陈志武，巴曙松．金融技术：中国金融市场的深层潜流［EB/OL］．（2005－03－28）　　［2006－02－13］．http：//finance. sina. com. cn.

［69］储幼阳．人民币均衡汇率实证研究［J］．国际金融研究，2004（5）.

[70] 丁剑平. 关于现行的人民币汇率机制的可持续性研究 [J]. 国际金融研究, 2003 (5).

[71] 方兆本, 李勇. 基于 HHT – SVR 模型的汇率数据去噪与预测 [J]. 数理统计与管理, 2015 (9).

[72] 冯用富. 中国金融进一步开放中汇率制度选择的方向 [J]. 金融研究, 2000 (7).

[73] 冯芸, 吴冲锋. 一种新的汇率波动度量方法: 波动率法 [J]. 世界经济, 2001 (9).

[74] 宫舒文. 基于 GARCH 族模型的人民币汇率波动性分析 [J]. 统计与决策, 2015 (6).

[75] 何帆. 人民币汇率制度需要进一步完善, 时机和策略是关键 [J]. 国际经济评论, 2003 (12).

[76] 何帆, 李志远. 汇率变动与汇率制度变革的政治经济分析 [J]. 世界经济与政治, 2002 (11).

[77] 何新华. 人民币汇率调整对中国宏观经济的影响 [J]. 世界经济, 2003 (11).

[78] 胡再勇. 人民币对美元实际汇率变化: 巴拉萨—萨缪尔森效应还是一价定律偏离 [J]. 世界经济研究, 2013 (3).

[79] 胡再勇. 二次汇改前后我国的汇率制度弹性、资本流动性和货币政策自主性的相对变化研究 [J]. 经济问题探索, 2013 (4).

[80] 胡祖六. 人民币: 重归有管理的浮动 [J]. 国际经济评论, 2000 (4).

[81] 黄伟彬. 金融脆弱性和汇率制度选择 [J]. 世界经济, 2000 (10).

[82] 黄瑞玲. 化解人民币升值压力的制度路径 [J]. 世界经济与

政治论坛，2003（5）．

[83] 姜波克．均衡汇率理论和政策的新框架［J］．中国社会科学，2006（1）．

[84] 姜波克．均衡汇率理论和政策新框架的再探索［J］．复旦学报（社会科学版），2007（3）．

[85] 姜波克．均衡汇率理论与政策新框架的三探索——基于自然资源角度的分析［J］．国际金融研究，2007（1）．

[86] 姜波克．均衡汇率理论和政策新框架的新探索——对基本模型的再解释［J］．东南学术，2007（3）．

[87] 姜波克，莫涛．人民币均衡汇率理论和政策新框架的再拓展——基于内部均衡和外部平衡的分析［J］．复旦学报（社会科学版），2009（7）．

[88] 姜波克，李怀定．汇率均衡理论文献评述［J］．当代财经，2006（2）．

[89] 金永军，陈柳钦．人民币汇率制度改革评述［J］．国际金融研究，2006（1）．

[90]《金融改革与金融安全》课题组．积极应对金融技术进步对我国金融监管提出的挑战［EB/OL］．http：//www．cajj．cn．

[91] 李霜，等．汇率波动与货币政策选择——基于新开放经济DSGE 模型的分析［J］．产业经济评论，2015（7）．

[92] 李岩．我国人民币汇率制度演进与改革效应分析［J］．河北金融，2015（6）．

[93] 李艳丽，余瑶娇．人民币汇率预期形成机制研究——基于不同预期模型的比较分析［J］．山西财经大学学报，2015（9）．

[94] 李晓峰，陈华．交易者预期异质性、央行干预效力与人民币

汇率变动——汇改后人民币汇率的形成机理研究 [J]. 金融研究, 2010 (8).

[95] 李婧. 人民币汇率制度选择：文献综述 [J]. 世界经济, 2002 (3).

[96] 林伯强. 人民币均衡实际汇率的估计与实际汇率错位的测算 [J]. 经济研究, 2002 (12).

[97] 刘淳, 杨忻. 人民币汇率市场化问题探析 [J]. 财经问题研究, 2001 (1).

[98] 刘喜和, 吴飞麟. 人民币汇率决定机制的功能缺陷与改进方向 [J]. 开放导报, 2003 (5).

[99] 刘晓辉, 范从来. 汇率制度选择及其标准的演变 [J]. 世界经济, 2007 (3).

[100] 刘莉亚, 任若恩. 用均衡汇率模型估计人民币均衡汇率的研究 [J]. 财政研究, 2002 (5).

[101] 刘阳. 人民币均衡汇率及汇率动态 [J]. 经济科学, 2004 (1).

[102] 陆前进. 参考一篮子货币的人民币汇率形成机制研究——基于人民币有效汇率目标的分析 [J]. 财经研究, 2010 (4).

[103] 卢向前, 戴国强. 人民币实际汇率波动对我国进出口的影响：1994—2003 [J]. 经济研究, 2005 (5).

[104] 吕江林, 王磊. 西方汇率决定理论的发展脉络评述 [J]. 江西社会科学, 2009 (7).

[105] 沈国兵, 史晋川. 汇率制度选择：不可能三角及其扩展 [J]. 世界经济, 2002 (10).

[106] 沈国兵. 汇率制度的选择：文献综述 [J]. 世界经济,

2003（12）.

［107］石建勋，金政．基于 CGE 模型的人民币外汇市场压力及央行外汇干预实证研究［J］．经济问题探索，2015（11）.

［108］施建淮，等．人民币均衡汇率与汇率失调：1991—2004［J］．经济研究，2005（4）.

［109］孙立坚．现代汇率理论体系及其评价［J］．世界经济，2003（1）.

［110］孙叶萌．汇率决定理论和汇率预测［J］．吉林大学博士学位论文，2008.

［111］唐建华．汇率制度选择：理论争论、发展趋势及其经济绩效比较［J］．金融研究，2003（3）.

［112］陶士贵，等．汇率价格传导机制下人民币汇率悖论的理论与实证解析［J］．经济经纬，2014（11）.

［113］王彬，马文涛，等．人民币汇率均衡与失衡：基于一般均衡框架的视角［J］．世界经济，2014（6）.

［114］王少平．结构突变与人民币汇率的经验分析［J］．世界经济，2003（8）.

［115］王元龙．当前"人民币汇率升值论"评析及其应对［J］．国际金融研究，2003（8）.

［116］吴晓灵．我国外汇体制改革的进展——人民币实现从经常项目可兑换到资本项目可兑换［J］．金融研究，1997（1）.

［117］吴运迪．论人民币汇率的中长期决定和制度安排［J］．国际金融研究，2000（5）.

［118］小川英治，姚枝仲．论钉住一篮子货币的汇率制度［J］．世界经济，2004（6）.

[119] 谢作诗, 杨原浩. 汇率问题本质、汇率制度选择与人民币汇率博弈 [J]. 经济社会体制比较, 2015 (3).

[120] 许崇正. 论我国汇率制度的选择——兼论人民币走向浮动并实行自由兑换的最佳时机 [J]. 财经问题研究, 2004 (1).

[121] 徐建炜, 杨盼盼. 理解中国的实际汇率: 一价定律偏离还是相对价格变动? [J]. 经济研究, 2011 (7).

[122] 徐剑刚, 唐国兴. 有效汇率指数及其应用 [J]. 数量经济技术经济研究, 1999 (11).

[123] 徐剑刚, 唐国兴. 人民币有效汇率指数及人民币汇率分析 [R]. 国家自然科学基金 (79790130) 研究报告.

[124] 徐志坚. 汇率长期变动预期模型与稳定汇率下的利率调整 [J]. 经济研究, 1998 (12).

[125] 杨帆. 人民币汇率改革的历史进程 [J]. 中国金融, 1994 (3).

[126] 杨雪峰. 人民币汇率形成机制的实证研究 (2006～2011) [J]. 世界经济研究, 2012 (9).

[127] 杨治国, 宋小宁. 随机开放经济条件下的均衡汇率 [J]. 世界经济, 2009 (9).

[128] 易纲, 范敏. 人民币汇率的决定因素及其走势 [J]. 经济研究, 1997 (10).

[129] 易纲. 汇率制度 "角点解假设" 的一个理论基础 [J]. 金融研究, 2001 (8).

[130] 余永定. 消除人民币升值恐惧症, 实现向经济平衡发展的过渡 [J]. 国际经济评论, 2003 (5).

[131] 俞乔. 亚洲金融危机与我国汇率政策 [J]. 经济研究,

1998（10）.

[132] 约翰·威廉姆森. 人民币汇率与全球货币体系［J］. 国际金融研究，2003（12）.

[133] 约翰·威廉姆森. 汇率制度的选择：国际经验对中国的启示［J］. 国际金融研究，2004（10）.

[134] 张斌. 人民币汇率制度选择：钉住美元还是一揽子货币［J］. 国际经济评论，2003（1）.

[135] 张斌. 人民币均衡汇率：简约一般均衡下的单方程模型研究［J］. 世界经济，2003（11）.

[136] 张斌. 东亚区域汇率合作：中国视角［J］. 世界经济，2004（10）.

[137] 张斌. 人民币汇率重估与汇率制度改革——基于均衡汇率理论的视角［J］. 管理世界，2004（3）.

[138] 张明. 人民币汇率形成机制改革的进展、问题与建议［J］. 学术研究，2015（6）.

[139] 张伟. 汇率制度选择及其对发展中国家经济的影响［J］. 经济问题探索，2001（1）.

[140] 张晓朴. 购买力平价思想的最新演变及其在人民币汇率中的应用［J］. 世界经济，2000（9）.

[141] 张晓朴. 均衡与失调：1978—1999 人民币汇率合理性评估［J］. 金融研究，2000（8）.

[142] 张晓朴. 人民币均衡汇率的理论与模型［J］. 经济研究，1999（12）.

[143] 张欣，崔日明. 基于非对称随机波动模型的人民币汇率波动特征研究［J］. 国际金融研究，2013（1）.

[144] 张勇. 热钱流入、外汇冲销与汇率干预——基于资本管制和央行资产负债表的 DSGE 分析 [J]. 经济研究, 2015 (7).

[145] 张志超. 汇率制度理论的新发展: 文献综述 [J]. 世界经济, 2002 (1).

[146] 张志超. 汇率政策新共识与"中间制度消失论" [J]. 世界经济, 2002 (12).

[147] 章和杰. 中国汇率改革的路径约束 [J]. 改革, 2003 (6).

[148] 赵胜民, 等. 金融市场化改革进程中人民币汇率和利率动态关系研究——兼论人民币汇率市场化和利率市场化次序问题 [J]. 南开经济研究, 2013 (10).

[149] 赵文胜. 人民币汇率动态及其形成机制研究 [D]. 长春: 吉林大学, 2013.

[150] 钟伟. 略论人民币的国际化进程 [J]. 世界经济, 2002 (3).

[151] 中国人民银行. 人民币汇率形成机制改革问答 [J]. 中国金融, 2006 (2).

[152] 朱杰. 中国外汇市场压力和中央银行的干预程度: 一个经验分析 [J]. 世界经济, 2003 (6).

[153] 朱民. 世界金融一体化下的人民币汇率 [J]. 中外管理, 2003 (12).

[154] 朱孟楠, 等. 人民币汇率变动的政治诱因——基于美国政治周期外溢效应的考察 [J]. 管理世界, 2015 (4).

[155] 朱耀春. 汇率制度的国际比较及影响因素分析 [J]. 国际金融研究, 2003 (10).

[156] 朱小梅. 新兴市场国家汇率选择理论综述 [J]. 经济学动态, 2005 (11).

[157] ABUAF, N. and P. JORION, 1990, Purchasing Power Parity in Long Run, Journal of Finance, 45: 157 – 166.

[158] AGENOR PIERRE – RICHARD, BHANDARI JAGDEEP S. and FLOOD ROBERT P. , 1992, Speculative Attacks and Models of Balance-of-Payments Crises, IMF Staff Papers, 39 (June): 357 – 394.

[159] ALIBER, R. Z. , 1975, Monetary Independence under Floating Exchange Rates, Journal of Finance, 30: 365 – 371.

[160] ALLEN, P. R. and TAYLOR, S. , 1989, Charts, Noise and Fundamentals: A Study of the London Foreign Exchange Market, CEPR Discussion Paper, No. 341.

[161] BACKUS, D. and G. SMITH, 1993, Consumption and Real Exchange Rates in Dynamic Economies with Non-Trade Goods, Journal of International Economics, 35 (November): 297 – 316.

[162] BAIG TAIMUR and ILAN GOLDFAGN, 1999, Financial Market Contagion in the Asian Crises, IMF Staff Papers, Vol. 46, No. 2, June.

[163] BAILLIE, R. T. , R. E. LIPPENS and P. C. MCMAHON, 1983, Testing Rational Expectations and Efficiency in the Foreign Exchange Market, Econometrica, 51: 553 – 563.

[164] BANERJEE, A. , 1992, A Simple Model of Herd Behavior, Quarterly Journal of Economics, 108: 797 – 817.

[165] BARRY EICHENGREEN, 2011, The Renminbi as an International Currency, Journal of Policy Modeling, 33: 723 – 730.

[166] BAXTER, M. and A. STOCKMAN, 1989, Business Cycles and the Exchange Rate Regime: Some International Evidence, Journal of Monetary Economics, 23 (May): 377 – 400.

[167] BEKAERT, G. , 1994, The Time Variation of Risk and Return in Foreign Exchange Markets: A General Equilibrium Perspective, Review of Financial Studies, 9: 427 – 434.

[168] BETTS, C. and DEVEREUX, M. B. , 2000, Exchange Rate Dynamics in a Model of Pricing to Market, European Economic Review, 40 (April): 1007 – 1021.

[169] BOMHOFF, EDUARD J. and PIETER KORTEWEG, 1983, Exchange Rate Variability and Monetary Policy Under Rational Expectations, Journal of Monetary Economics, Vol. 11 (March): 169 – 206.

[170] BOOTHE, P. M. and D. A. GLASSMAN, 1987, The Statistical Distribution of Exchange Rates: Empirical and Economic Implications, Journal of International Economics, 22: 297 – 312.

[171] BRANSON, W. H. , 1983, Macroeconomic Determinants of Real Exchange Risks, Managing Foreign Exchange Risk, Cambridge: Cambridge University Press.

[172] BULOW, J. and K. ROGOFF, 1989, A Constant Recontracting Model of Sovereign Debt, Journal of Political Economy, February.

[173] CHANG, R. and VELASCO, A. , 2000, Exchange Rate Policy for Developing Countries, American Economic Review, Vol. 90, No. 2.

[174] CLARIDA, R. H. and M. P. TAYLOR, 1997, The Term Structure of Forward Exchange Premiums and the Forecastability of Spot Exchange Rates: Correcting the Errors, Review of Economics and Statistics, 79: 353 – 364.

[175] CLARIDA, R. H. , L. SARNO, M. P. TAYLOR and G. VALENTE, 2003, The Out-of-Sample Success of Term Structure Models as

Exchange Rate Predictors: A Step Beyond, Journal of International Economics, 60 (02): 61 – 83.

[176] CONROY, R. M. and R. L. WINKLER, 1981, Informational Differences between Limit and Market Order for a Market Maker, Journal of Financial and Quantitative Analysis, 16: 703 – 714.

[177] CUMBY, ROBERT E. and OBSTFELD, M. , 1981, A Note of Exchange-Rate Expectations and Nominal Interest Differentials: A Test of the Fisher Hypothesis, Journal of Finance, Vol. 36 (June): 697 – 703.

[178] DAVIDSON, 1985, Econometric Modelling of the Sterling Effective Exchange Rate, Review of Economic Studies, Vol. 52 (April): 231 – 250.

[179] DE GRAUWE, PAUL and HANS DEWACHTER, 1992, Chaos in the Dornbusch Model of the Exchange Rate, Credit and Captial, 25 (1): 26 – 32.

[180] DEMOS, A. A. and C. A. E. GOODHART, 1996, The Interaction between the Frequency of Market Quotations, Spread and Volatility in the Foreign Exchange Markets, Applied Economics, 28: 377 – 386.

[181] DOMINGGUES, R. , 1986, Are Foreign Exchange Forecasts Rational? New Evidence from Survey Data, Economic Letters, 21: 277 – 281.

[182] DOOLEY, MICHAEL P. , 2000, A Model of Crises in Emerging Markets, The Economic Journal, 110 (January): 256 – 272.

[183] DORNBUSCH, RUDIGER, 1976, Expectations and Exchange Rate Dynamics, Journal of Political Economy, 84: 1161 – 1176.

[184] DORNBUSCH, R. , 1987, Exchange Rates and Prices,

American Economic Review, 77 (March): 93 – 106.

[185] DUMAS, B., 1992, Dynamic Equilibrium and the Real Exchange Rate in a Spatially Separated World, Review of Financial Studies, 5: 153 – 162.

[186] EDISON, H. J. and B. D. Pauls, 1993, A Reassessment of the Relationship between Real Exchange Rates and Real Interest Rates: 1974—1990, Journal of Monetary Economics, 31: 165 – 178.

[187] EDWARDS S., 1989, Real Exchange Rate, Devaluation, and Adjustment—Exchange Rate Policy in Developing Countries, The MIT Press.

[188] EDWARDS, S., 1983, Floating Exchange Rates, Expectations and New Information, Journal of Monetary Economics, 11: 321 – 326.

[189] EICHENBAUM, MARTIN and EVANS, CHARLES, 1993, Some Empirical Evidence on the Effects of Monetary Policy Shocks on Exchange Rates, NBER Working Paper, No. 4271.

[190] ENGLE, C. and J. FRANKEL, 1984, Why Interest Rates React to Money Announcements: An Answer from the Exchange Market, Journal of Monetary of Economics, 13: 31 – 39.

[191] FLOOD, R., MARION, N., 1996, Speculative Attacks: Fundamentals and Self-Fulfiling Prophecies, NBER Working Paper, No. 5789.

[192] FLOOD, R. and PETER GARBER, 1984, Collapsing Exchange-Rate Regimes: Some Linear Examples, Journal of International Economics, Vol. 17.

[193] FRANKEL, J. A. and A. K. ROSE, 1996, A Panel Project on Purchasing Power Parity: Mean Reversion within and between Countries,

Journal of International Economics, 40: 209 – 214.

[194] FRANKEL, J. A., 1981, Flexible Exchange Rates, Prices and the Role of News, Journal of Political Economy, 89: 665 – 678.

[195] FRANKEL, J. A., SERGIO SCHMUKLER, and LUIS SERVEN, 2000, Verifiability and the Vanishing Intermediate Exchange Rate Regime, NBER Working Paper 7901.

[196] FROOT, K. A. and RICHARD H. THALER, 1990, Foreign Exchange, Journal of Economic Perspectives, 4: 179 – 192.

[197] GLASSMAN, DEBRA, 1987, Exchange Rate Risk and Transactions Costs: Evidence from Bid-Ask Spread, Journal of International Money and Finance, 6: 479 – 490.

[198] GLEN, J. D., 1992, Real Exchange Rates in the Short, Medium, and Long Run, Journal of International Economics, 23: 147 – 156.

[199] GOLDBERG, P. and M. KNETTER, 1997, Goods Prices and Exchange Rates: What have We Learned? Journal of Economic Literature, 35 (September): 1243 – 1254.

[200] GOLDBERG, L. S. and R. TENORIO, 1997, Strategic Trading in a Two-Sided Foreign Exchange Auction, Journal of International Economics, 42: 299 – 326.

[201] GOODHART, CHARLES A. E., 1988, The Foreign Exchange Market: A Random Walk with a Dragging Anchor, Economica, 55 (November): 437 – 460.

[202] GOODHART, C. A. E. and M. GIUGUAL, 1993, From Hour to Hour in the Foreign Exchange Market, Manchester School of Economic and Social Studies, 61: 10 – 32.

［203］HANSEN, L. P. and HODRICK, R. J. , 1980, Forward Exchange Rates as Optimal Predictors of Future Spot Rates: An Econometric Analysis, Journal of Political Economy, 88: 829 – 853.

［204］HAU, HARALD, 2000, Exchange Rate Determination: The Role of Factor Price Rigidities and Nontradables, Journal of International Economics, April 50 (2): 421 – 447.

［205］HERGUERA, I. , 1994, Exchange Rate Uncertainty, Market Structure and the Pass-Through Relationship, Economic Notes, 23: 292 – 301.

［206］HESTON, A. , D. A. NUXOLL and R. SUMMMERS, 1994, The Differential-Productivity Hypothesis and Purchasing-Power Parities: Some New Evidence, Review of International Economics, 2: 227 – 235.

［207］HODRICK, ROBERT J. , 1989, Risk, Uncertainty and Exchange Rates, Journal of Monetary Economics, May 23 (3): 433 – 459.

［208］HOFFMANN, D. L. and D. E. SCHLAGENHAUF, 1983, Rational Expectation and Monetary Model of Exchange Rate Determination, Journal of Monetary Economics, 11: 247 – 260.

［209］HSIEH, D. A. , 1989, Testing for Non-Linear Dependence in Daily Foreign Exchange Rates, Journal of Business, 62 (3): 25 – 43.

［210］HUANG, R. D. , 1981, The Monetary Approach to Exchange Rate in an Efficient Froeign Exchange Market: Tests Based on Volatility, Journal of Finance, 36: 31 – 41.

［211］HUIZINGA, J. , 1987, An Empirical Investigation of the Long-Run Behaviour of Real Exchange Rates, Carnegie-Rochester Conference Series on Public Policy, 27: 149 – 212.

[212] ISARD, P., 1977, How Far Can We Push the "Law of One Price"?, American Economic Review, 67: 942 –948.

[213] ITO, TAKATOSHI, 1990, Foreign Exchange Rate Expectation under Floating Exchange Rates-The UK 1973—1983, European Economic Review, 30: 345 –364.

[214] J. FRENKEL and H. JOHNSON, 1978, The Economics of Exchange Rates, Addison-Wesley Publishing Company.

[215] KAMINSKY, GRACIELA L. and REINHART, GARMEN M., 1999, The Twin Crises: The Causes of Bank and Balance of Payments Problems, The American Economic Review, Vol. 89 (June): 473.

[216] KORAJCZYK, R. A., 1985, The Pricing of the Forward Contracts of Foreign Exchange, Journal of Political Economy, 93: 346 –368.

[217] KRUGMAN, P. R., 1978, Purchasing Power Parity and Exchange Rates: Another Look at the Evidence, Journal of International Economics, 8: 397 –406.

[218] KRUGMAN, P. R., 1989, Differences in Income Elasticities and Trends in Real Exchange Rates, European Economic Review, 33: 1031 – 1046.

[219] KRUGMAN, 1991, Target Zones and Exchange Rate Dynamics, Quarterly Journal of Economics, 106 (August): 669 – 682.

[220] KUO-CHUN YEH, 2012, Renminbi in the Future International Monetary System, International Review of Economics and Finance, 21: 106 – 114.

[221] LEAHY, M. P., 2001, New Summary Measures of the Foreign Exchange Value of the Dollar, Federal Reserve Bulletin, 84: 811 – 818.

[222] LEE, T. H. , 1994, Spread and Volatility in Spot and Forward Exchange Rates, Journal of International Money and Finance, 13: 375 – 382.

[223] LEVINE, R. , 1987, The Pricing of Forward Exchange Rate, International Finance Discussion Papers, No. 312.

[224] LONGWORTH, DAVID, 1981, Testing the Efficiency of the Canadian-U. S. Exchange Market Under the Assumption of No Risk Premium, Journal of Finance, Vol. 36 (March): 43 – 49.

[225] LOTHIAN, J. R. and M. P. TAYER, 1996, Real Exchange Rate Behaviour: The Recent Float from the Perspective of the Past Two Centuries, Journal of Political Economy, 104: 488 – 498.

[226] LYONS, RICHARD, 1995, Tests of Microstructural Hypotheses in the Foreign Exchange Market, Journal of Financial Economics, 39: 321 – 351.

[227] MACDONALD, R. and THOMAS S. TORRANCE, 1990, Expectations Formation and Risk in Four Foreign Exchange Markets, Oxford Economic Papers, Vol. 42 (July): 544 – 561.

[228] MARCEL FRATZSCHER and ARNAUD MEHL, 2011, China's Dominance Hypothesis and the Emergence of a Tri-polar Global Currency System, European Central Bank Working Paper Series, No. 1392.

[229] MEESE, R. A. , 1986, Testing for Bubbles in Exchange Markets: A Case of Sparkling Rates? Journal of Political Economy, 94: 345 – 373.

[230] MEESE, R. and K. ROGOFF, 1983, Empirical Exchange Rate Models of the Seventies: Do They Fit Out of Sample? Journal of International Economics, 14 (February): 3 – 14.

［231］ MISHKIN, FREDERIC S. , 1996, Understanding Financial Crises: A Developing Country Perspective, in Annual World Bank Conference on Development Economics, World Bank: 29 – 62.

［232］ MUNDELL, R. A. , 1961, Capital Mobility and Stabilization Policy under Fixed and Flexible Exchange Rate, Canadian Journal of Economics and Political Science, 29: 475 – 484.

［233］ NELSON, MARK, 2001, International Macroeconomics and Finance: Theory and Empirical Methods, Blackwell Publishing.

［234］ OBSTFELD, M. and KENNETH ROGOFF, 1995, Exchange Rate Dynamics Redux, Journal of Political Economy, 103 (June): 624 – 635.

［235］ OBSTFELD, MAURICE and ROGOFF, KENNETH, 1996, Foundations of International Macroeconomics. Cambridge, MA: MIT Press.

［236］ PALL, DE GRAUWE, HANS DEWACHTER and MARK EMBRECTS, 1993, Exchange Rate Theory: Chaotic Models of Foreign Exchange Market, Blackwell Publishing.

［237］ PAUL, KRUGMAN, 1991, Target Zone and Exchange Rate Dynamics. The Quarterly Journal of Economics, August.

［238］ POPPER, H. and J. D. MONTGOMERY, 2001, Information Sharing and Central Bank Intervention in the Foreign Exchange Market, Journal of International Economics, 55: 295 – 306.

［239］ RAZIN, O. and S. M. COLLINS, 1997, Real Exchange Rate Misalignment and Growth, NBER Working Paper, No. 6174.

［240］ R. MACDONALD and M. TAYLOR, 1992, Exchange Rate Economics: A Survey, IMF Staff Papers, Vol. 39, No. 1.

［241］ROGOFF, KENNETH, 1996, The Purchasing Power Parity Puzzle, Journal of Economic Literature, 34 (June): 647 – 658.

［242］RONALD MACDONALD, 1988, Floating Exchange Rates: Theories and Evidence, Allen and Unwin.

［243］RONALD MACDONALD and MARK P. TAYLOR, 1989, Exchange Rates and Open Economy Macroeconomics, Basic Blackwell.

［244］ROSE, A. K. and L. E. O. SEVENSON, 1995, Expected and Predicted Realignments: The FF/DM Exchange Rate during the EMS, 1979—1993, Scandinavian Journal of Economics, 97: 173 – 200.

［245］SALANT, STEPHEN and DALE HENDERSON, 1978, Market Anticipation of Government Policy and the Price of Gold, Journal of Political Economy, 86.

［246］SARNO, L., 2000, Real Exchange Rate Behaviour in the Middle East: A Re-examination, Economics Letters, 66: 127 – 132.

［247］SAVVIDES, A, 1990, Real Exchange Rate Variability and the Choice of Exchange Rate Regime by Developing Countries, Journal of International Money and Finance, 9: 440 – 454.

［248］SCHULMEISTER, STEPHEN, 1987, An Essay on Exchange Rate Dynamics, Research Unit Labor Market and Employment Discussion Paper, 87 – 88.

［249］SENAY, O. 1998, The Effects of Goods and Financial Market Integration on Macroeconomic Volatility, Manchester School, Supplement, 66: 39 – 46.

［250］SEVENSSON, LARS E. O., 1992, An Interpretation of Recent Research on Exchange Rate Target Zones, Journal of Economic Perspectives,

Fall, 6 (4): 119 – 144.

[251] SILVA DA, SERGIO, 2001, Does Foreign Exchange Intervention Remove Overshooting? Brasilia University Department of Economics Educational Papers, No. 23.

[252] SMITH, G. W. and M. G. SPENCER, 1992, Estimation and Testing in Models of Exchange Rate Target Zones and Process Switching, in P. R. Krugman and M. H. Miller (eds), Exchange Rate Targets and Currency Bands, Cambridge: Cambridge University Press, 211 – 218.

[253] STOCKMAN, ALAN C., 1980, A Theory of Exchange Rates Determination, Journal of Political Economy, August 88 (4): 673 – 678.

[254] TAKAGI, S., 1991, Exchange Rate Expectations: A Survey of Survey Studies, IMF Staff Papers, 8 (1): 156 – 183.

[255] TAYER, M. P., 1995, The Economics of Exchange Rates, Journal of Economic Literature, 33: 13 – 25.

[256] TAYLOR, MARK P., 1987a, Risk Premia and Foreign Exchange: A Multiple Time Series Approach to Testing Uncovered Interest Parity, Weltwirts Chaftliches Archiv, Vol. 123, No. 4: 578 – 591.

[257] TAYLOR, M. P. and D. A. PEEL, 2000, Nonlinear Adjustment, Long-Run Equilibrium and Exchange Rate Fundamentals, Journal of International Money And Finance, 19: 33 – 43.

[258] TAYLOR, M. P. and H. ALLEN, 1992, The Use of Technical Analysis in the Foreign Exchange Market, Journal of International Money and Finance, 11: 304 – 312.

[259] TURNOVSK, S. J, 1976, The Relative Stability of Alternative Exchange Rate Systems in the Presence of Random Disturbances, Journal of

Money, Credit and Banking, 8（1）: 29 – 50.

[260] WARWICK J. MCKIBBIN and HONG-GIANG LEE, 2004, Which Exchange Rate Regime for Asia? Brookings Discussion Papers in International Economics, No. 158.

[261] WEI, S. J. and J. A. FRANKLE, 1991, Are Option-Implied Forecasts of Exchange Rate Volatility Excessively Variable?, Working Paper No. 3910, National Bureau of Economic Research.

[262] WEIL, P., 1989, Overlapping Families of Infinitely-Lived Agents, Journal of Public Economics, 38: 183 – 198.

[263] WEYMARK, D. N., 1997, Measuring the Degree of Exchange Market Intervention in a Small Open Economy, Journal of International Money and Finance, 16: 55 – 76.

[264] WICKHAM, P., 1985, The Choice of Exchange Rate Regime in Developing Countries: A Survey of the Literature, IMF Staff Papers, 2: 248 – 288.

[265] WILLIAMSON, J., 1985, The Exchange Rate System, Policy Analyses in International Economics Series, No. 5, Washington, D. C. : Institute for International Economics.

[266] WILLIAMSON, J., 1996, The Crawling Band as an Exchange Rate Regime: Lessons from Chile, Colombia and Israel, Washington: Institute for International Economics.

[267] WOLFF, C. C. P., 1987, Forward Foreign Exchange Rates, Expected Spot Rates and Premia: A Signal Extraction Approach, Journal of Finance, 42: 395 – 406.

[268] WOO, W. T., 1985, The Monetary Approach to Exchange Rate

Determination under Rational Expectations: The Dollar-Deutschmark Rate, Journal of International Economics, 18: 2 – 6.

[269] WU, Y., 1996, Are Real Exchange Rates Non-Stationary? Evidence from a Panel-Data Test, Journal of Money, Credit, and Banking, 28: 54 – 62.

[270] ZHANG, ZHICHAO, 2001, Real Exchange Rate Misalignment in China: An Empirical Investigation, Journal of Comparative Economics, 29: 21 – 25.

附　录

附录 A　现行汇率制度的分类

从历史发展上看，自 19 世纪中末期金本位制在西方主要各国确定以来，一直到 1973 年，世界各国的汇率制度基本上属于固定汇率制；而 1973 年以后，世界主要工业国则实行了浮动汇率制。大体上看，国际货币基金组织（IMF）汇率制度的划分，主要经历了三个阶段：1999 年以前基于名义分类法的分类、1999—2008 年基于事实分类法的分类和 2009 年最新修正的分类。

1999 年以前基于名义分类法的分类。它是 IMF 根据成员国的官方宣告主要围绕固定汇率制和浮动汇率制的两分法所进行的分类。但这一分类方法的最大缺陷是，各国名义上宣告采取的汇率制度与其实际操作中采取的汇率制度并不相符。例如，一些国家宣称自己实行的是固定汇率制，但在事实上该国为了扩大出口而实行了具有浮动汇率制特征的名义汇率行为。或者一些新兴市场国家宣称实行浮动汇率制，由于国内金融市场不完善而害怕浮动等，在实际中采取了钉住其他国家货币的做法，这与其宣称的汇率制度也是不相符的。基于这些名义上与事实上不相符的情况，IMF 从 1999 年开始实行事实分类法。

1999—2008 年基于事实分类法的分类。传统的汇率制度分类存在较大的缺陷，突出的表现为国际货币基金组织成员国所汇报的汇率制度类型往往没有反映实质性的内容。亚洲金融危机以后，国际货币基金组织加强了对成员国汇率制度安排问题的研究、监督和指导。因此，从 1999 年开始，IMF 改变了过去 20 多年来的固定汇率制、浮动汇率制的简单两分法，而是根据成员国在实际中的名义汇率的灵活程度和货币当局的干预程度来划分的，它可能与一国宣告的汇率制度并不完全一致。具体地说，根据各国汇率弹性的大小，IMF 将汇率制度划分为无独立法定货币的汇率安排（NS）、货币局安排（CBA）、传统的固定钉住汇率安排（FP）、水平区间钉住（HB）、爬行钉住（CP）、爬行区间钉住（CB）、管理浮动（MF）和单独浮动（IF）8 类。然而，随着国际经济形势的变化，此种分类方法的弊端也日益显现。一是作为管理浮动类别下的各国汇率制度存在较大的差异，如果笼统地将其归为一类，则违背了汇率制度划分避免歧义性的基本原则；二是随着各国央行干预力度的不断加大，IMF 获取真实数据的难度较大，难以将其准确界定为上述 8 类中的一类。因此，2009 年，IMF 公布了最新的汇率制度分类方法。

2009 年，IMF 进一步修正了汇率分类方法，对国际汇率制度进行了重新分类，具体划分为 3 种形式共 9 种类别：（1）硬钉住型。它具体包括无独立法定货币汇率和货币局安排两种。（2）软钉住型。此类汇率制度的特点是货币当局对汇率均实行一定程度的干预，从而确保汇率围绕某一中心汇率上下波动，中心汇率或者钉住单一货币，或者钉住一篮子货币。它具体包括传统钉住安排、稳定化安排、水平区间钉住、爬行钉住和类爬行安排共五种。（3）浮动安排。此类汇率制度的特点是汇率波动幅度不受限制，汇率水平在很大程度上由市场供求关系决定，政府对汇率干预较少。它具体包括浮动汇率和自由浮动两种。另外，对于不属于上述 9 种汇率类别的汇率安排，则划为其他管理安排。具体情况见附表 1 所示。

附表 1　国际货币基金组织 1999 年和 2009 年汇率制度分类方法比较

	1999 年的事实分类法	国家数	2009 年的事实分类法	国家数
硬钉住型		23		23
	无独立法定货币的汇率安排	10	无独立法定货币的汇率安排	10
	货币局安排	13	货币局安排	13
软钉住型		81		65
	传统的固定钉住汇率安排	68	传统的固定钉住汇率安排	42
			稳定化安排	13
	水平区间钉住	3	水平区间钉住	4
	爬行钉住	8	爬行钉住	5
	爬行区间钉住	2	类爬行安排	1
浮动安排		84		79
	管理浮动	44	浮动汇率	46
	单独浮动	40	自由浮动汇率	33
			其他管理安排	21
汇总		188		188

资料来源：IMF "International Financial Statistics", 2010.

根据 2009 年 IMF 关于汇率制度的最新分类，其 10 种汇率制度的具体含义如下：

（1）无独立法定货币的汇率安排（Exchange Arrangements with no Separate Legal Tender）。它是指一国采用另一国的货币作为本国的法定货币，包括美元化或货币联盟。所谓美元化，是指让美元替代本币进行流通，如巴拿马和厄瓜多尔等拉美国家。货币联盟的典型代表是欧元，在欧元区内流通着超国家主权的单一货币，建立统一的中央银行。

（2）货币局安排（Currency Board Arrangement）。它是指在法律上明文规定本币与某一外国可兑换货币保持固定的兑换率，并对本币的发行作特殊限制以保证履行这一法定比率的汇率制度。一般来说，实行这一汇率制度的大多为小型经济体，如爱沙尼亚和中国香港地区。

（3）传统的固定钉住汇率安排（Conventional Fixed Peg Arrangement）。它是指本国货币钉住另一国货币，并限制在±1%甚至更狭窄的范围内波动。其中，钉住货币可以是单一货币也可以是一篮子货币。一国不论选择钉住何种货币形式，都应向IMF公布其锚货币或者货币篮子。在这种汇率制度下，钉住并不意味着一国承诺永久维持某一固定平价。名义汇率可以在中心汇率上下小于1%的幅度内波动，或者说汇率的波动幅度要小于2%，而且至少要维持三个月。当一国的汇率水平偏离中心汇率时，货币当局可通过直接干预（如公开市场业务）或间接干预（如利率政策）来维持这一平价。显然，这一汇率制度比无法定货币和货币局的情况要灵活一些，货币当局至少可以调整汇率水平，虽然频率较低。

（4）稳定化安排（Stabilized Arrangement）。它是指一国在汇率不浮动的情况下，本国即期市场汇率的波幅在6个月或更长的时间内不超过±1%的范围。一国一旦被划为稳定化安排，则该国不仅要保持汇率稳定，而且官方干预所引发的汇率波动也必须严格限制在2%的范围内。

（5）水平区间钉住（Pegged Exchange Rates within Horizontal Peg）。它是指汇率保持官方承诺的范围内波动，波动幅度可以超过±1%，或者说运行汇率波动范围的最大值和最小值之差超过2%。这一汇率制度与传统的钉住汇率制度的不同之处是汇率变动幅度有所扩大。这种汇率安排，既有浮动汇率的灵活性，又有固定汇率的稳定性。同时，汇率在公布的区间范围内波动，有利于形成合理的市场预期。但是，存在的最大问题是如何确定波动的范围，如果波动范围过度，则异化为浮动汇率；范围过小，则异化为固定汇率。

（6）爬行钉住（Crawling Pegs），又称蠕动汇率制度。它是指将汇率钉住某种平价，同时根据一组选定的指标不定期地对汇率进行小幅度调整的一种汇率制度安排。在该汇率制度下，货币当局每隔一段时间就对本国货币的汇率进行一次较小幅度的贬值或升值，每次变动的时间和幅度都是随意确定的，可以以主要贸易伙伴之间的通胀率差异作为调整的依据（即购买力爬行钉住），也可以不设参照依据（即任意爬行钉住）。

（7）类爬行安排（Crawl-like Arrangement）。它是指在中心汇率爬行的基础上，汇率带有一定程度的波动性，但汇率波动幅度不超过2%，且同时不低于1%。其特点是中心汇率变化较为频繁，同时需要确定一个爬行幅度。其中，向后爬行是指以过去的经济指标，如通货膨胀差异等确定爬行幅度；向前爬行是根据预期变化和预期目标确定爬行幅度。

（8）浮动汇率（Floating）。它是指汇率大小均由市场决定，除非有足够的证据证明现阶段汇率的稳定属于非政府行为，否则汇率波动幅度必须突破2%的限制。在此期间，为防止汇率过度波动，货币当局可以直接或间接地进行干预。

（9）自由浮动汇率（Independently Floating），又称不干预浮动汇率，其对汇率"自由"的要求则更为严格。它是指货币当局对汇率上下浮动不采取任何干预措施，完全听任外汇市场的供求关系自由变动。

当然，官方有时所干预的目的是缓和汇率过度波动而不是确定汇率水平。一般来说，只有市场无序的时间超过 6 个月的特殊情况下，官方才能进行干预，但干预的次数要小于 2 次，每次干预的天数也不能超过 3 天。在实际中，自由浮动汇率制度对所在国的经济金融发展要求比较高，通常实施这一汇率制度的国家都是市场经济体系较为完善、金融市场体系发达、企业产权制度明晰以及汇率形成机制健全的国家。目前，实施这一汇率制度的国家主要有美国、日本、英国、瑞士、加拿大、韩国、挪威、瑞典、新西兰、以色列以及冰岛等。

（10）其他管理安排。这是一个剩余分类项。它是指当一国的汇率制度安排不符合上述任意一种汇率制度的标准时，则将其划为此类。对于频繁变动汇率制度的国家也划为此类。

总之，新的分类突出了汇率的形成机制和政策目标的差异。例如，欧元区国家被列入无独立法定货币的汇率安排（附表 1 中的第一类）；原来的管理浮动制的中国、埃及、伊朗以及单独浮动的瑞士等因为汇率基本上钉住美元，并且波动幅度很小而被列入传统的固定钉住制（附表 1 中的第三类）。

附录 B　汇率制度的选择——几个争议性假说①

影响汇率制度选择的因素很多，由于研究者所选取的主要影响因素不同，因而得出汇率制度选择的不同标准。相应地，关于汇率制度的选择争论也难以避免。在围绕汇率制度选择争论中，逐渐形成了几个争议性假说。

（1）原罪论（Doctrine of the Original Sin）。Hausman 等（2000）认

---

① 资料来源：沈国兵．汇率制度的选择：文献综述［J］．世界经济，2003（12）．

为，一国或地区由于金融市场的不完全，导致本国货币不能用于国际借贷，甚至在本国市场上，也不能用本币进行长期借贷。这样，本国企业或政府在用外币进行借贷或投资时，要么借外币如美元而招致货币错配，要么用短期贷款来做长期用途而出现期限错配。这便是原罪论的内涵。如果出现货币错配，当本币贬值时，就会使已借款的本币成本上升，结果容易陷入财务困境，直至破产；如果出现期限错配，当利率上升时，其借款成本也会增加，便会有一大批对外借款企业由于资产缩水、资不抵债而陷入破产。所以，原罪的存在导致理性的政府和企业都不愿意汇率变动，更不愿意本币贬值，博弈的结果使得汇率软钉住直至固定钉住。对于金融市场发展不完全的非工业经济国家，正是原罪的存在，使得它们无论选择何种汇率制度都会有问题，原罪造成的种种不利后果都会存在。根据原罪论，张志超（2002）认为，对于发展中国家，应当干脆没有汇率，方法是放弃本国货币而采用某种国际货币，即实行美元化或某种类似于欧元的制度。但是，笔者认为，这种汇率制度选择方案至多对于一些小型开放经济可能是适合的。因为原罪论是以金融市场不完全为前提基础的。这样，对于发达市场经济，其金融市场相对完全；对于封闭经济，则不存在汇率和利率的传递机制。因此，根据该假说得出的结论对于这两类经济是无法成立的。所以，原罪论至多提供了对现实世界可能的局部解释，而无法解释在这局部之外的汇率制度的选择问题。

（2）稳定霸权论（Stabilizing Hegemony）与汇率变动转移论（Volatility-transfer）。Kindleberger（1973）提出了"稳定霸权论"。他认为，大萧条是因为那时缺乏经济主导国，英国变得虚弱，美国尚未崛起。主导力量的存在会对经济起到稳定作用，因为它能够对其伙伴国实施某种合作，同时承受绝大部分成本。Kindleberger 强调霸权在实施合作、非对称承担成本方面的作用，主导国任务之一就是实行相对稳定的汇率制度。但是，Benassy – Quere 和 Coeure（2000）指出，霸权稳定的效果源自于霸权国相对较低的开放度，而随着霸权国开放度的增加，现今国际货币体系似乎处于霸权体系与平衡两级体系之间。Fratianni 和 Von Hagen（1990）则提出了"汇率变动转移论"。他们认为，汇率是可调整的变量，固定汇率则把调整的负担转移给其他变量，容易造成国际收支失衡，从而导致不稳定的经济环境。Benassy – Quere 和 Coeure（2000）证实，从长期来看，对于欧元/美元组合最稳定的货币体系将是总体浮动，这与汇率变动转移论是一致的。于是，产生了"浮动论"和"恐惧浮动论"之争。

（3）浮动论与恐惧浮动论（Fear of Floating）。Rernhart（2000）指出，"浮动论"者把过去几年中新兴市场经济爆发的货币和银行危机都归咎于固定汇率，特别是软钉住（Soft Peg），建议新兴市场要加入美国和其他工业国行列，允许其货币自由浮动。如 Chang 和 Velasco（2000）认为，对于大多数新兴市场经济已不再是浮动或不浮动的问题，而是浮动的问题。但是，在实际运作中却出现了"恐惧浮动论"。如 Calvo 和 Reinhart（2000）研究发现：那些声称允许汇率浮动的国家多半没有浮动，似乎传染了一种"恐惧浮动症"；这些国家相对较低的汇率变动率是稳定汇率的政策行为有意识造成的结果；这些国家的名义和实际利率变动率明显高于真实实行浮动汇率的国家，这表明它们不但在外汇市场进行干预，而且也利用利率变动进行干预；那些被划归为管理浮动的国家大多类似于不可信的钉住汇率（Incredible Peg）。因此，所谓固定汇率消亡的说法只是一种虚幻，甚至在一些发达国家中也存在着恐惧浮动症。由于恐惧浮动症，许多声称实行浮动汇率的国家，其实采用的是软钉住。于是，又引出了"中间空洞论"之争。

（4）中间空洞论（Hollowing-out of Intermediate Regimes）与反中间空洞论。Obstfeld 和 Rogoff（1995）、Summers（2000）、Fischer（2001）等依据资本高度流动使得汇率承诺变得日益脆弱为基础，提出了"两极"或"中间空洞化"假说，即介于严格固定汇率与自由浮动汇率之间的中间汇率制度已变得不可维持。然而，对于"中间空洞化"假说也有不少经济学家提出了异议。如 Frankel（1999）认为，对于许多国家来说，中间汇率制度通常比角点汇率制度可能更合适，特别对于大规模资本流动尚不构成问题的发展中国家更是如此。而且，对于适合建立共同货币的区域，中间汇率制度比角点汇率制度更可行。Masson（2000）则运用马尔科夫链和变迁矩阵作为分析工具，引用两种汇率制度分类数据检验"两极"或"中间空洞化"假说。结果发现，"中间空洞化"假说被选取的样本数据否决，中间汇率制度将继续构成未来实际汇率制度选择的重要组成部分。Benassy – Quere 和 Coeure（2000）实证分析认为，国际货币体系并没有转向总体浮动汇率制度，它仍旧是多种汇率制度相互并存，甚至在遭受亚洲货币危机较大的冲击后仍是如此。

由上可知，经济学家对于汇率制度的选择理论争议很大，并未形成一致的观点。其中，一派主张中间空洞论，认为中间汇率制度不再可行，汇率制度的选择应该转向"两极"。这派包括原罪论、汇率变动转移论、浮动论和中间空洞化假说。另一派则否认中间空洞论，认为中间汇率制度仍然适用，而且对于某些国家可能更加合意，汇率制度的选择并非呈两极化。这派包括稳定霸权论、恐惧浮动论和反中间空洞论。

附录 C　人民币汇率的相关指数

附表 2　　1980—2001 年人民币有效汇率指数和美元/人民币汇率（年度数据）

年份	人民币名义 有效汇率指数	美元/人民币 名义汇率	人民币实际 有效汇率指数	美元/人民币 实际汇率
1980	100.0	100.0	100.0	100.0
1981	94.7	87.9	87.4	81.6
1982	92.2	79.2	80.7	70.6
1983	94.9	75.8	79.8	66.5
1984	84.9	64.6	69.9	55.8
1985	68.4	51.0	59.7	46.5
1986	52.2	43.4	47.7	41.4
1987	45.3	40.3	43.1	39.7
1988	43.8	40.3	47.3	45.3
1989	44.1	39.8	53.0	50.4
1990	34.2	31.3	39.9	38.9
1991	30.2	28.1	34.3	34.6
1992	24.0	27.2	34.1	34.5
1993	23.8	26.0	34.0	36.8
1994	16.6	17.4	26.1	29.8
1995	16.7	17.9	29.0	35.0
1996	17.2	18.0	31.5	37.0
1997	18.7	18.1	34.0	37.2
1998	21.2	18.1	37.0	36.4
1999	20.8	18.1	35.0	35.2
2000	21.2	18.1	35.3	34.2
2001	22.5	18.1	37.0	33.5

资料来源：唐国兴. 现代汇率理论及模型研究 ［M］. 北京：中国金融出版社，2003：351.

附表3　　　　　　1994—2002 年人民币名义、实际有效汇率指数

与样本国家或地区的名义汇率（间接标价法）

	1994 年	1995 年	1996 年	1997 年	1998 年	1999 年	2000 年	2001 年	2002 年
美元	0.1160	0.1197	0.1203	0.1206	0.1208	0.1208	0.1208	0.1208	0.1208
日元	11.86	11.26	13.08	14.60	15.81	13.76	13.02	14.68	15.15
韩元	93.22	92.35	96.76	114.4	169.3	143.6	136.6	156.0	151.2
新加坡元	0.1772	0.1697	0.1696	0.1791	0.2022	0.2048	0.2083	0.2165	0.2163
港元	0.8967	0.9263	0.9302	0.9339	0.9355	0.9371	0.9411	0.9422	0.9423
新台币	3.047	3.271	3.312	3.935	3.897	3.798	3.993	4.233	4.233
澳大利亚元	0.0849	0.0888	0.0941	0.0898	0.0760	0.0780	0.0703	0.0625	0.0657
加拿大元	0.1584	0.1643	0.1640	0.1670	0.1792	0.1795	0.1794	0.1871	0.1900
法国法郎	0.6442	0.5977	0.6153	0.7041	0.7126	0.1134	0.1311	0.1350	0.1284
德国马克	0.1883	0.1716	0.1810	0.2092	0.2126	0.1134	0.1311	0.1350	0.1284
意大利比索	187.1	195.0	185.6	205.4	209.7	0.1134	0.1311	0.1350	0.1284
荷兰盾	0.2112	0.1923	0.2028	0.2354	0.2396	0.1134	0.1311	0.1350	0.1284
比利时法郎	3.882	3.530	3.724	4.315	4.384	0.1134	0.1311	0.1350	0.1284
英镑	0.0758	0.0759	0.0770	0.0737	0.0729	0.0747	0.0797	0.0839	0.0805
丹麦克朗	0.7380	0.6708	0.6975	0.7966	0.8094	0.8427	0.9764	1.0060	0.9538
芬兰马克	0.6061	0.5229	0.5525	0.6262	0.6455	0.1134	0.1311	0.1350	0.1284
瑞典克朗	0.8953	0.8541	0.8066	0.9210	0.9602	0.9981	1.1070	1.2480	1.1760
人民币名义有效汇率指数	100.0	99.1	100.7	107.6	119.8	68.5	71.6	71.3	69.0
人民币实际有效汇率指数	100.0	95.1	90.7	91.7	94.6	53.0	55.9	53.1	49.4

　　资料来源：章和杰. 人民币一篮子货币汇率制度中权重的建构［M］. 北京：中国社会科学出版社，2005：152.

附表4　　　　　　　　　**1994—2002 年人民币相对不同国家**

和地区货币的名义汇率（间接标价法）

	1994 年	1995 年	1996 年	1997 年	1998 年	1999 年	2000 年	2001 年	2002 年
美元	0.1160	0.1197	0.1203	0.1206	0.1208	0.1208	0.1208	0.1208	0.1208
日元	11.86	11.26	13.08	14.60	15.81	13.76	13.02	14.68	15.15
韩元	93.22	92.35	96.76	114.8	169.3	143.6	136.6	156.0	151.2
新加坡元	0.1772	0.1697	0.1696	0.1791	0.2022	0.2048	0.2083	0.2165	0.2163
港币	0.8967	0.9263	0.9302	0.9339	0.9355	0.9371	0.9411	0.9422	0.9423
新台币	3.047	3.271	3.312	3.935	3.897	3.798	3.993	4.233	4.233
澳大利亚元	0.0849	0.0888	0.0941	0.0898	0.0760	0.0780	0.0703	0.0625	0.0657
加拿大元	0.1584	0.1643	0.1640	0.1670	0.1792	0.1795	0.1794	0.1871	0.1900
泰国泰铢	2.9181	2.9833	3.0482	3.7834	4.9957	4.5678	4.8453	5.3681	5.1903
马来西亚林吉特	0.3045	0.2999	0.3026	0.3394	0.4740	0.4590	0.4590	0.4591	0.4591
印尼盾	250.7	269.2	281.7	351.0	121.0	948.9	101.7	124.0	112.5
菲律宾比索	3.065	3.079	3.153	3.555	4.939	4.722	5.338	6.161	6.235

资料来源：章和杰．人民币—篮子货币汇率制度中权重的建构［M］．北京：中国社会科学出版社，2005：152.

附表5　　　　　　　　**1994—2002 年不同国家和地区货币**

相对于美元的名义汇率（年均）（直接标价法）

货币/美元	1994 年	1995 年	1996 年	1997 年	1998 年	1999 年	2000 年	2001 年	2002 年
人民币	8.6187	8.3514	8.3142	8.2898	8.2790	8.2783	8.2785	8.2771	8.2770
日元	102.21	94.06	108.78	120.99	130.91	113.91	107.77	121.53	125.39
韩元	803.45	771.27	804.45	951.29	1401.4	1188.8	1130.9	1291.0	1251.1
新加坡元	1.5274	1.4174	1.4100	1.4848	1.6736	1.6950	1.7240	1.7917	1.7906
港元	7.728	7.736	7.734	7.742	7.745	7.758	7.791	7.799	7.799
新台币	26.26	27.32	27.54	32.62	32.26	31.44	33.06	35.04	35.04
澳大利亚元	0.7317	0.7415	0.7826	0.7441	0.6294	0.6453	0.5823	0.5176	0.5439
加拿大元	1.3656	1.3724	1.3635	1.3846	1.4835	1.4857	1.4851	1.5488	1.5693
泰国泰铢	25.150	24.915	25.343	31.364	41.359	37.814	40.112	44.432	42.960
马来西亚林吉特	2.6243	2.5044	2.5159	2.8132	3.9244	3.8000	3.8000	3.8000	3.8000
印尼盾	2160.8	2248.6	2342.3	2909.4	10013.6	7855.2	8421.8	10260.9	9311.2
菲律宾比索	26.417	25.714	26.216	29.471	40.893	39.089	44.192	50.993	51.604

资料来源：章和杰．人民币—篮子货币汇率制度中权重的建构［M］．北京：中国社会科学出版社，2005：150.

附表6　　　　2005 年和 2006 年中国与前十位贸易伙伴贸易额

单位：亿美元、%

	国别/地区	2005 年	占比	国别/地区	2006 年	占比
1	欧盟 25 国	2173.1	15.3	欧盟 25 国	2723.0	15.5
2	美国	2116.3	14.9	美国	2626.8	14.9
3	日本	1844.4	13.0	日本	2073.6	11.8
4	中国香港	1367.1	9.6	中国香港	1661.7	9.4
5	东盟	1303.7	9.2	东盟	1608.4	9.1
6	韩国	1119.3	7.9	韩国	1343.1	7.6
7	中国台湾	912.3	6.4	中国台湾	1078.4	6.1
8	俄罗斯	291.0	2.0	俄罗斯	333.9	1.9
9	澳大利亚	272.5	1.9	澳大利亚	329.5	1.9
10	加拿大	191.7	1.3	加拿大	248.6	1.4
	总值	14221.2	100.0	总值	17606.9	100.0

资料来源：韩立岩，刘兰芬. 人民币指数及其信息价值［J］. 世界经济，2008（12）：65.

附表7　　　　2005 年和 2006 年重要经济体与中国的双边贸易权重　　　单位：%

	2005 年贸易权重	2006 年贸易权重	两年平均权重
美国	14.90	14.90	14.90
日本	13.00	11.80	12.40
欧元区	12.12	12.15	12.14
中国台湾	6.40	6.10	6.25
韩国	7.10	7.60	7.35
中国香港	9.60	9.40	9.50
英国	1.72	1.74	1.73

资料来源：韩立岩，刘兰芬. 人民币指数及其信息价值［J］. 世界经济，2008（12）：66.

附表 8　　2005 年和 2006 年重要经济体对中国的 FDI 的总额和比重

单位：万美元、%

	2005 年	2005 年占比	2006 年	2006 年占比
中国	6032459	—	6302053	—
中国香港	1794879	29.7537	2023292	32.1053
日本	652977	10.8244	459806	7.2961
韩国	516834	8.5676	389487	6.1803
中国台湾	215171	3.5669	213583	3.3891
美国	306123	5.0746	286509	4.5463
英国	96475	1.5993	72610	1.1522
欧元区 12 国	401715	6.6592	420038	6.6651

资料来源：韩立岩，刘兰芬.人民币指数及其信息价值［J］.世界经济，2008（12）：67.

附表 9　　中国银行间外汇市场会员结构（截至 2006 年 6 月 30 日）①

会员类型	数量
国有商业银行	4
股份制商业银行	12
政策性银行	3
城市商业银行	45
商业银行授权分行	36
外资银行	151
农村信用联社	28
信托投资公司	1
非金融企业	1
合计	281

资料来源：管涛.外汇管理理论与实务［M］.北京：中国金融出版社，2007：72.

---

①　截至 2015 年 1 月 7 日，中国银行间外汇市场共有人民币外汇即期做市商 31 家，外汇即期尝试做市机构 3 家，外汇即期会员 465 家。其中外汇即期会员主要包括国有商业银行、股份银行、城商行、外资银行、企业财务公司等。与此同时，银行间市场已有人民币外汇远掉期做市商 27 家，外汇远期会员 98 家，外汇掉期会员 97 家，外汇货币掉期会员 84 家，外汇期权会员 39 家（资料来源：每经网 2015 - 01 - 08）。

附录 D　国际货币基金组织的篮子汇率计算方法

国际货币基金组织篮子汇率的权重的计算方法[①]如下：

$$W_{i,j} = \lambda_i^M MW_{ij} + \lambda_i^{BX} BXW_{ij} + \lambda_i^{TX} TXW_{ij} \tag{1}$$

式中，W_{ij} 表示的是 j 国在 i 国篮子汇率中的权重；MW_{ij} 表示 j 国在进口竞争中的权重；BXW_{ij} 代表 j 国在双边出口市场竞争中的权重；而 TXW_{ij} 则表示 j 国在第三市场竞争中的权重。对这三种竞争进行加权处理，权重（λ）之和等于 1。

令 s_i^k 表示 i 国在市场 k 所占份额，w_i^k 表示 i 国产出中在市场 k 销售的份额，MW_{ij} 可以表示为

$$MW_{ij} = \frac{s_j^i}{\displaystyle\sum_{j \neq i} s_j^i} \tag{2}$$

式中，s_j^i 是指 j 国在 i 国市场（包括国内生产）所占份额；$\sum_{j \neq i} s_j^i$ 是剔除 i 国在本国市场所占份额之外的市场份额之和，即进口在 i 国市场所占份额。

BXW_{ij} 可以由下式表示：

$$BXW_{ij} = \frac{w_i^j s_j^i}{\displaystyle\sum_{k \neq i} w_i^k s_k^k} \tag{3}$$

式中，$\sum_{k \neq i} w_i^k s_k^k$ 表示 i 国产出中在市场 j 出售的份额。

TXW_{ij} 可以由下式表示：

$$TXW_{ij} = \frac{\displaystyle\sum_{k \neq i,j} w_i^k s_j^k}{\displaystyle\sum_{k \neq i} w_i^k (1 - s_i^k - s_k^k)} \tag{4}$$

---

① 戴世宏. 一篮子汇率的理论与实践［M］. 北京：中国金融出版社，2007：206.

式中，$\sum\limits_{k \neq i,j} w_i^k s_j^k$ 有时被称为双重出口权重，它衡量的是 j 国和 i 国出口之间的竞争，即 j 国市场 k 所占份额 s_j^k（k 市场来自 j 国的竞争）乘以市场 k 在 i 国产出中所占份额 w_i^k（k 国对 i 国的重要性）；$\sum\limits_{k \neq i} w_i^k (1 - s_i^k - s_k^k)$ 中 s_i^k 是指 i 国在 k 国市场所占的份额。

在式（1）中的三种权重的表示式分别为

$$\lambda_i^M = \frac{w_i^i (1 - s_i^i)}{\sum\limits_k w_i^k (1 - s_i^k)} \tag{5}$$

$$\lambda_i^{BX} = \frac{\sum\limits_{k \neq i} w_i^k s_k^k}{\sum\limits_k w_i^k (1 - s_i^k)} \tag{6}$$

$$\lambda_i^{TX} = \frac{\sum\limits_{k \neq i} w_i^k (1 - s_i^k - s_k^k)}{\sum\limits_k w_i^k (1 - s_i^k)} \tag{7}$$

式中，$w_i^i (1 - s_i^i)$ 表示 i 国在 i 国销售的份额乘以 i 国中外国所占的份额；$\sum\limits_{k \neq i} w_i^k s_k^k$ 是 s_k^k 的加权平均数；$\sum w_i^k (1 - s_i^k - s_k^k)$ 是 $1 - s_i^k - s_k^k$ 的加权平均数；$1 - s_i^k - s_k^k$ 表示 k 国市场由第三国市场供应的比例。

致　　谢

　　光阴荏苒，岁月如梭。窗外的小树苗不知不觉地已长成了一人多高，阳台旁的葡萄树早已枝繁叶茂并爬满了栅栏。在北京这样一个繁华喧闹的大都市里，我有幸在这样一个僻静安详的宿舍里度过了难忘的博士后生活。

　　三年来，我始终秉持"忠诚、团结、求实、创新"的中央财经大学校训，积极发扬"吞吐大荒"的拼搏精神，圆满完成了博士后科研工作任务。在此，我首先要特别感谢我的导师——李健教授。她待人真诚和蔼，为人谦虚低调，但对待工作和生活却是求真严谨、乐观豁达。这些都使我在学到许多专业理论知识与科研技能的同时，也学到了书本上找不到的许多做人做事的哲理。从报告选题的确定到框架体系的设计、从内容结构的安排到思想观点的凝练，李老师都给予了许许多多的悉心指导和无私帮助。对此，深感无比的幸福和莫大的荣幸！

　　其次，感谢在我博士后研究工作中，提供帮助和指导的领导和老师们，他们是王广谦校长、张礼卿院长和张碧琼教授等。特别是王广谦校长在我撰写报告过程中提出了许多富有创见性的意见和建议，使我不仅少走了许多的弯路，而且学到了诸多从事科学研究的方法、精神与态度。我想，这些正是我从事博士后科研工作所要达到的目的。在此，谨向王校长表示由衷的感谢！

感谢中央财经大学为我完成博士后研究工作所提供的极大便利条件；感谢中央财经大学博管办的各位领导和老师们，特别是王向文老师；感谢中央财经大学金融学院的领导和老师们；感谢博士后同学岳华、范祚军等，他们都从不同的方面给了我无私的帮助与支持。

感谢我的家人，在我从事博士后工作期间所给予的鼓励、关心和体贴，使我始终处于动力十足、信心百倍和灵感万分的工作状态，从而得以顺利完成博士后期间的科研任务。

最后，感谢中国博士后流动站管理委员会和中国博士后科学基金的大力资助，感谢本报告引述其文献与研究思想的作者们，感谢其他未知姓名而提供帮助的所有人。

2009 年 9 月 25 日于北京中央财经大学

后　　记

　　本书是在 2009 年完成的中国博士后科学基金资助项目"人民币汇率管理技术研究"成果的基础上，结合近年来国际金融格局的新形势和人民币汇率形成机制改革中的新变化，所开展的进一步研究成果。

　　自 2005 年 7 月中国人民银行宣布人民币汇率形成机制改革至今，汇率改革已经走过了 10 多年的历程。10 多年来，人民币汇率弹性不断增强，人民币汇率形成机制得到进一步完善。特别是 2015 年 8 月 11 日人民币汇率中间价形成机制改革以来，人民币汇率经历了一轮快速调整，出现了较大波动。但人民币汇率的短期波动不会改变其基本趋势，也不会改变我国汇率市场化改革的基本方向。当然，汇率改革的推进是不可能一蹴而就的，需要一系列的政策、机制和市场条件的配合。如何更大程度地发挥市场供求因素在人民币汇率形成中的决定性作用，仍面临着诸多的汇率管理技术问题，其主要表现在：一是过度重视维持与美元的汇率稳定，而忽视了人民币有效汇率的稳定；二是强力干预汇率中间价，造成中间价与收盘价的持续背离；等等。因此，探索和研究人民币汇率管理技术问题无疑具有重要的理论和现实意义。

　　本书试图从汇率管理技术的视角研究人民币汇率的管理效率问题。从世界范围来看，汇率管理技术是一个庞大而复杂的新兴问题，相比之下，本书所做的研究工作也许仅仅属于奠基性的东西，后续值得研究的问题还有很多。特别是近年来学界又涌现了一批新的研究成果，但遗憾的是，本书还没有来得及对其进行梳理、借鉴与吸收。因此，本书中所存在的缺点、不足和错误，敬请读者不吝指正。

2016 年 2 月 26 日于上海松江大学城